海上丝绸之路大冒险

HAISHANGSICHOUZHILUDAMAOXIAN

第六部

好望角杀人浪

王军 等著

哈尔滨工业大学出版社
HARBIN INSTITUTE OF TECHNOLOGY PRESS

内容简介

好望角，因多暴风雨，海浪汹涌，因此被称为"风暴角"。这里强劲的西风急流掀起的惊涛骇浪常年不断，除风暴为害外，还常常有可怕的"杀人浪"出现。翔龙和奇奇旅行来到了好望角，他们想通过自己的调查，搞清大英雄郑和的船队是否到过好望角，这个人类历史学家一直争论不休的史学谜题。在前往好望角的半路上，他们偶遇了一只离家出走、去好望角探险的小企鹅小黑，志同道合的三个小伙伴决定一起去探险。他们在游览好望角参观著名的瞭望灯塔的时候，不了解当地情况的三位小伙伴被一股突如其来的巨浪冲散了。这是奇奇和翔龙第一次真正的分离，两个好朋友开始焦急地寻找对方的下落。

在奇奇寻找翔龙的过程中，他和小黑遇到了一对海豹兄弟。兄弟俩很热情，说他俩见过翔龙，而且愿意帮助他们一起找。单纯的奇奇相信了，可是他和小黑根本就不知道，看起来很和善的海豹兄弟，其实内心隐藏着一个可怕的阴谋。

最终奇奇和翔龙能否重逢？他们是否逃过了阴险的海豹弟兄的阴谋？探询大英雄郑和的船队是否到过好望角的疑问有没有答案？一切谜团都将在本部书中揭晓。

图书在版编目(CIP)数据

好望角杀人浪／王军等著. -- 哈尔滨：哈尔滨工业大学出版社，2017.3
(海上丝绸之路大冒险)
ISBN 978-7-5603-6023-2

Ⅰ.①好… Ⅱ.①王… Ⅲ.①儿童文学－中篇小说－中国－当代 Ⅳ.①I287.45

中国版本图书馆CIP数据核字(2016)第102682号

策划编辑	闻　竹
责任编辑	范业婷　高婉秋
插　　图	蒲　怡
出版发行	哈尔滨工业大学出版社
社　　址	哈尔滨市南岗区复华四道街10号　邮编 150006
传　　真	0451-86414749
网　　址	http://hitpress.hit.edu.cn
印　　刷	哈尔滨经典印业有限公司
开　　本	787mm×1092mm　1/16　印张11.25　字数90千字
版　　次	2017年3月第1版　2017年3月第1次印刷
书　　号	ISBN 978-7-5603-6023-2
定　　价	29.80元

(如有印装质量问题影响阅读，我社负责调换)

《海上丝绸之路大冒险》编委会

主　任：王　军

委　员：孟昭荣　　　　　　　　　鲁海娇
　　　　（哈尔滨幼儿师范高等专科学校）　（北京市昌平第二实验小学校）

　　　　陈　泽　　　　　　　　　何　萍
　　　　（哈尔滨市第五十八中学校）　（河北省廊坊市香河县第一中学校）

　　　　叶春晓　　　　　　　　　丁　健
　　　　（哈尔滨市第三十二中学校）　（深圳市南山中英文学校）

　　　　郑　也　　　　　　　　　陈淑华
　　　　（辽宁省葫芦岛市实验中学校）　（哈尔滨市第一二二中学校）

目录

一、勇敢的心 /1
本节知识小贴士　　　南非 /11
奇奇海洋知识千千问　郑和的船队有没有去过好望角？/12

二、意外一个接着一个 /15
本节知识小贴士　　　开普敦 /24
奇奇海洋知识千千问　松球鱼是种什么鱼？/25

三、智斗金枪鱼兄弟 /27
本节知识小贴士　　　《上帝保佑非洲》/38
奇奇海洋知识千千问　金枪鱼一年可以产多少卵？/39

四、一只离家出走的小企鹅 /41
本节知识小贴士　　　帝王花 /53
奇奇海洋知识千千问　大白鲨是海中霸主吗？/53

五、名不虚传的杀人浪 /56
本节知识小贴士　　　曼德拉日 /65
奇奇海洋知识千千问　杀人浪是如何形成的？/66

六、该听谁的话 /68
本节知识小贴士　　　种族隔离制度 /79
奇奇海洋知识千千问　郑和船队的航海路线还有哪些争议？/79

七、第一次失散 /82
本节知识小贴士　　罗本岛/97
奇奇海洋知识千千问　剑鱼和旗鱼的区别？/98

八、不怀好意的海豹兄弟/100
本节知识小贴士　　祖鲁人/112
奇奇海洋知识千千问　鮟鱇鱼有哪些奇特习性？/113

九、海豹危机/115
本节知识小贴士　　克鲁格国家公园/126
奇奇海洋知识千千问　你了解鹤姥鱼吗？/126

十、企鹅失踪之谜/128
本节知识小贴士　　企鹅滩/138
奇奇海洋知识千千问　海狗和海豹的区别？/139

十一、恶人的帮凶/141
本节知识小贴士　　海豹岛/153
奇奇海洋知识千千问　密斑刺鲀"刺猬服"的作用？/154

十二、喜乐海豹岛/156
本节知识小贴士　　纳米比亚/169
跟着郑和下西洋　　郑和船队航海中是如何辨别方向的？/170

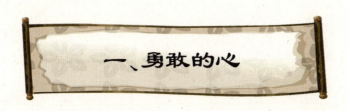
一、勇敢的心

经过和大章鱼之间一场激烈的较量,奇奇和翔龙成功地帮助狐猴们夺回了他们的圣物,这让一直内疚的奇奇终于心安了些,因为他觉得狐猴们圣物的丢失多少都和他有关。

"哈,快看呀,他们回来啦——"

"莫莫手里捧着的就是圣物,我们的圣物找到了。"

"快去报告女王陛下,出征的勇士们胜利归来了。"

……

当载着狐猴勇士们的木筏刚在远方的海平面出现,海滩上就有眼尖的狐猴发现了他们,随着激动的喊叫声,安静的沙滩顿时变成了欢呼雀跃的海洋,弥漫在海滩上空紧张不安的空气也随风飘散了。

自从奇奇、翔龙和黑帽卡罗他们带着狐猴勇士们出发后,所有的狐猴都在狐猴女王的带领下,一直没有离开,在海滩上翘首以待。因为大家担心同伴们的安危,生怕他们遇到可怕的危险,所以等待的时间变得

难熬又漫长。现在好了,出征的同伴们终于回来了,大家怎么能不激动呢?

在狐猴们热烈的欢呼声中,木筏缓缓靠岸,个头最小的莫莫高高举着圣物站在最前边,兴奋地接受着伙伴们热情的欢迎,那模样好像一个得胜归来的大将军。

"嘻嘻,莫莫可真神气。"奇奇觉得好朋友的样子简直酷毙了,他开心地和身边的翔龙嘀咕道。

"是啊,他可真神气,哈哈……"翔龙也为好朋友开心道。虽然在夺回圣物的过程中,莫莫并没有出手,可是在这欢庆的时刻,谁还在乎这个呢。

"欢迎你们胜利归来,我勇敢的勇士和尊贵的朋友。"得到消息的狐猴女王已经等候在岸边,充满感激地说道。

"嘻嘻,不用客气,很荣幸我们可以帮上忙。"面对狐猴女王的感谢,奇奇有些不好意思了,因为这事本来就是因他而起的嘛——如果不是为了让他可以参加狂欢节,狐猴们就不用修水道,不修水道,大章鱼就没有机会偷走圣物了。

"大家开心的唱吧跳吧,让我们尽情享受这美好的时刻。"狐猴女王接过莫莫手中的圣物,高举在头顶大喊道。

狐猴女王的话音刚落,大家立刻欢呼雀跃起来,每一个狐猴都尽情表达着圣物失而复得的喜悦,他们或者在一起跳着欢庆的舞蹈,或者在秋千上来回嬉戏,追逐打闹,每个人都玩得很开心——现在不用再担心会有人来偷他们的圣物了。

奇奇和翔龙也闲着,他们立刻加入了这欢乐的队伍,和莫莫又玩起了沙滩冲浪的游戏,清澈的水池里不断翻腾起洁白的浪花。

再热闹的聚会也有结束的时候,一场气氛热烈的欢庆过后,奇奇和翔龙即将告别快乐、活泼的狐猴朋友们,踏上新的旅程。

"两位朋友,真希望你们可以留下,这样我们就可以永远快乐地生活在一起了。"巴拉有些遗憾地说道,经过并肩作战,现在他已经把奇奇和翔龙看作狐猴群中的家庭成员了。

"你们不要走,我会想你们的。"舍不得他俩的莫莫干脆大声地哭了起来,一颗颗晶莹的泪珠不断从他圆圆的大眼睛里滚落。

"莫莫,我们还会来看你的。"奇奇不想让好朋友这么伤心,善良地安慰道。

"真的吗,你不是骗我吧?"莫莫满脸期待地问道。

"真的,我保证。"奇奇认真地点了点头。

"我们还会回来的。"一边的翔龙也安慰道。

"哦——你们还会回来啊,这太好了。"莫莫毕竟还是小孩子,想法很简单,听到奇奇和翔龙都这么说立刻破涕为笑了,开心地拍起手来,好像奇奇和翔龙已经回来,他们再次重逢了一般。

可是前路漫漫,旅途中会发生许多意想不到的突发状况,未来的事谁又能说得清楚呢。

"尊贵的客人,那你们准备去哪里呢?"狐猴女王问道。虽然之前翔龙和奇奇说过他俩旅行的事,不过还没来得及提下一个目的地。

"我们准备去非洲大陆最南端的好望角,大英雄郑

和的船队可能去过那里，我们想去看看。"翔龙说道，怕狐猴们不明白，他还特地拿出地图，指给狐猴朋友们看。

对于如此神奇的地图，而且翔龙竟然有本事看懂人类的东西，狐猴们和他俩路上遇到的所有朋友的反应一样，都对他们佩服得不得了。

"天啊，我要是也能在海里自由自在地游泳，我一定加入你们一起去环游世界。"黑帽卡罗羡慕地说道。

"我也想去，黑帽卡罗哥哥，我们可以撑着木筏和他俩一起啊。"莫莫一听有人的想法和自己的一样，于是出主意道。

"我看还是算了吧，这样太危险了。"黑帽卡罗吓得一吐舌头，赶紧把话收回了，要不然莫莫非缠着他要撑着木筏一起去不可，那可就够他受得了。

要知道他带领着同伴们一起撑着木筏为找回部落的圣物和大章鱼决战，视死如归的决心，小莫莫是不能体会的。

"可爱的孩子们，虽然你们很勇敢，不过我觉得你们还是不去为好。"一个苍老的声音忽然响起，是见多识广最睿智的狐猴老爷爷。

老爷爷的话一下子让热闹的海滩安静下来，大家

都会一脸困惑地看着他,不明白他为什么忽然这么说。

"老爷爷,为什么我们不能去啊?"奇奇游到沙池边,看着老狐猴好奇地问道。

"我们已经去过许多地方了,我还没听说有我翔龙不敢去的呢。"翔龙觉得狐猴老爷爷这是在小瞧他,有些不服气地说道。

"是啊,老爷爷,我的两位朋友可是很厉害的航海家呢,为什么这个地方他俩不能去呢?"莫莫也帮着好朋友问道。

"因为那里有可怕的杀人浪,它会无情地袭击你们,把你们撕扯得粉碎,然后再把你们冲到海底,你们

将永远长眠在黑暗冰冷的海底。"老狐猴说得很冷静，也很恐怖。

杀人浪？！

狐猴老爷爷的话让在场的所有人都大吃一惊，这是他们第一次听到这么可怕的事情。

"爷爷，杀人浪是什么啊？"巴拉的反应最快，他抢在最喜欢问问题的奇奇之前问道。

狐猴们主要生活在陆地上，虽然海边也经常会掀起波浪，在刮飓风的时候还很吓人，但是杀人浪他们可从没有见过。

翔龙和奇奇尽管几乎环游了小半个地球的海洋，但是可怕的杀人浪也是第一次听说。

经过狐猴老爷爷的解释，大家才明白，原来杀人浪是一种超级可怕的巨浪，当它出现的时候，可以摧毁一切，包括长的一眼看不到头的万吨巨轮，它在杀人浪面前，也变得如玩具般不堪一击。

"老爷爷，这些你是怎么知道的啊？"翔龙也被恐怖的杀人浪吓住了，他忘记了刚才的不服气，虚心地询问起来。不过他有点想不通：马达加斯加岛离好望角非常遥远，那里的情况老狐猴怎么知道得这么清楚呢？

"这是很久以前一条过路的大鲸鱼告诉我的，他在经过好望角的时候,忽然遇到了可怕的杀人浪,差点就被巨浪裹挟到海底,几乎丧了命呢。"狐猴老爷爷不紧不慢地回忆道,从他脸上偶尔闪现的不安的表情,似乎还可以感受到当初大鲸鱼在好望角遭遇杀人浪时惊心动魄的场面。

老狐猴的话让奇奇有些心惊:如果连体型庞大的鲸鱼都差点命丧杀人浪中,他和翔龙这么弱小的身体,简直就是去送死。

"翔龙,我们还去不去啊,我有些害怕。"奇奇怕有些狐猴会嘲笑他,小声问身边的翔龙。

听了狐猴爷爷的话,翔龙现在也很犹豫,见奇奇问他,他低头沉默了一会,再抬起头的时候,满眼是坚定的目光。

"老爷爷,谢谢你告诉我们这些,不过我们还是要去。"

"为什么呀,你们难道不害怕吗?"老狐猴一脸不解地问道。

"害怕,可是那里是大英雄郑和可能去过的地方,我和奇奇也一定要去,我们可不想做一个让大英雄看不起的胆小鬼。"翔龙斩钉截铁地说道,没有丝毫的犹豫。

"我最亲爱的朋友们,你们会死在那里的。"莫莫担心地说道。

"嘻嘻,不会的,我们才不会那么容易就被打败呢,奇奇,你说是吧。"翔龙又恢复了之前的乐观,他笑嘻嘻地甚至还打趣起奇奇道。

看到翔龙这么坚定,奇奇为刚才自己的胆小表现感到有些脸红,这会儿见翔龙问他,他立刻高高挺起胸脯,很大声地回答道:"是的,我们绝不做让大英雄瞧不起的孬种。"

哗——

沙滩上响起一片热烈的掌声,这是狐猴们在为勇敢的奇奇和翔龙鼓掌,连举止端庄的狐猴女王都差点把手掌拍红了。

离别的时候终于到了，狐猴们举行了一场盛大的欢送仪式来送别两位真诚的朋友。

"祝福你们，希望你们平安归来。"狐猴女王送上最真心的祝福。

"谢谢。"奇奇和翔龙一起感谢了狐猴女王的好意。

"再见了，朋友们。"翔龙和奇奇一起向沙滩上送行的狐猴朋友们挥手，然后一转身，义无反顾地朝着好望角的方向游去。

看着渐渐远去的奇奇和翔龙的背影，莫莫做了一个让同伴们吃惊的动作，只见他忽然跳上了停靠在海岸边的木筏，拿起一根木桨奋力划着，朝奇奇和翔龙的方向追去。

对于莫莫的举动，同伴们很快反应过来了，"勇士们，我们也去送送我们的朋友。"黑帽卡罗一边喊着，同时一个敏捷的跳跃，跳上了离岸边不远的木筏。

伙伴们也纷纷响应黑帽卡罗的提议，巴拉先跳了上去，紧接着其他一起出征的狐猴勇士们也跟了上来。

众人拾柴火焰高，在大家的划动下，很快木筏就追上了奇奇和翔龙。

"奇奇，翔龙，我来送你们啦。"莫莫开心地叫道。

"朋友们，希望你们一路顺风。"巴拉也高喊道。

对于朋友们的依依不舍,奇奇和翔龙非常感动,他俩不住地说着感谢的话,晶莹的泪珠在眼眶里打着转。

莫莫他们一直送了很远,在奇奇和翔龙的一再要求下,才停止了前进,因为他俩担心莫莫他们会在海上遇到突如其来的风浪,这样会很危险的。

"再见了,朋友们。"奇奇和翔龙再一次和大家告别。

"再见,祝你们一路顺风。"莫莫、巴拉、黑帽卡罗等人也再次送上自己的祝福。

伴随着狐猴朋友们不断地挥手,奇奇和翔龙的背影越来越小,终于消失在茫茫的大海中完全看不见了,这时,莫莫和许多同伴都流下了依依惜别的眼泪。

南 非

南非地处南半球,位于非洲大陆的最南端,陆地面积为120多万平方千米,有"彩虹之国"的美誉。其东、南、西3面被印度洋和大西洋环抱,陆地上与纳米比

亚、津巴布韦、莫桑比克等国接壤。南非生活水平很高,主要民族为祖鲁族、科萨人等。

郑和的船队有没有去过好望角?

虽然几百年过去了,但是关于郑和的船队到底去过哪些地方,比如说有没有绕过好望角,在学术上依然是个争论不休的话题。造成这种状况的一个主要原因,是因为几百年前,故宫里存放郑和详细航海档案的大殿发生了一次神秘的大火,烧毁了所有与郑和航海有关的史料记载。

一种说法是,这场大火是当时的兵部郎中刘大夏故意放的,原因是他觉得郑和的航海活动极大地浪费了国库钱财,为了防止后人效仿,干脆一把火烧光。这种说法是否可靠,也是一桩历史悬案,但原本非常清楚的郑和航海资料神秘被毁是不争的事实。

现在人们能够看到的关于郑和航海的地图——《郑和航海图》实际是后人绘制的,放置在一本叫《武备志》的书里,这个时候距离郑和逝世已经两百多年了。

那么郑和的船队到底有没有绕过好望角呢？虽然两种意见不统一，但编者个人认为，到过好望角的可能性非常大。

首先，从客观的地理条件来说，在莫桑比克海峡靠近马达加斯加岛的海域，有一股一直流向好望角的印度洋暖流，既然郑和的船队已经到达了肯尼亚的马林迪等地，而且还在拉穆群岛附近发现了船员在非洲的后裔，那么如此近的距离，郑和的船队完全有可能遇到这股南向的洋流，而随着洋流帆船顺风漂到好望角，如果那样的话就是顺理成章的事了。

其次，在明朝时期朝鲜人绘制的《混一疆理历代国都之图》中，明确标明了好望角的地理位置，在时间上不仅早于西方，而且地理精度更准确。试想，如果郑和的船队没有到过好望角，想绘制一张这样的地图，几乎是不可能的。

国外学者持支持郑和船队到过好望角的不乏其人，其中最著名的是李约瑟和孟席斯。长期研究中国科技史的英国科学家李约瑟曾引地图学家弗拉·毛罗所言，1420年郑和舰队已越过好望角。而英国学者孟席斯则在他的《1421：中国发现世界》一书中，列举了具体的证据，证明郑和的船队到过好望角。

虽然到目前为止，关于郑和的船队是否到过好望

角还有很大的争议,但根据最新考古发现的种种迹象表明,"郑和船队是否到过好望角"这个命题,并不适宜过早下结论,还需要进一步论证。

二、意外一个接着一个

和狐猴朋友们离别的悲伤让重新开始的旅途气氛有些压抑,奇奇想找个话题和翔龙边走边聊,这样可以早点忘记刚才的伤感场面。

"翔龙,你说大英雄郑和的船队到底有没有去过好望角啊?"这是一直困扰奇奇的问题,他早就想问翔龙了。

翔龙也一直在思考这个问题。虽然他不知道好望角是什么情况,不过既然郑和的船队已经到了非洲东海岸,那么沿着非洲大陆一直向南,穿过莫桑比克海峡,再往前就可以到达非洲大陆的最南端好望角了,船队没有理由不去啊。

"这不好说,可能去过,也可能没去。"连人类对这个问题都没有搞清,只在地图上画了一条虚线,所以翔龙的话说得也是模棱两可。

"也许……也许我们可以搞清这个问题。"沉默了一会,奇奇忽然激动起来。

"怎么搞清?"翔龙不明白奇奇忽然这么激动的原因,他还以为刚才经历离别的奇奇受了刺激呢。

"嘿嘿，你忘啦，狐猴们的那个青花瓷盘。"奇奇并没有直接回答，而是绕着翔龙快速游了一圈，还神秘地朝他眨了眨大眼睛。

"这和青花瓷盘又有什么关系呀？"翔龙的思维一时有些跟不上奇奇小脑瓜转动的速度，他一头雾水地问道。

谁知奇奇开启了卖关子模式，"先不告诉你，要是有本事追上我，我再告诉你，哈哈——"一边说，他一边朝前方快速游去。

"好啊，竟然敢捉弄我，看我怎么收拾你。"翔龙被奇奇顽皮的举动差点气歪了鼻子，他没好气地在后边追赶起来。

虽然奇奇是天生的游泳健将，不过翔龙经过长途旅行的锻炼，游动速度也快了许多，随着他宽大蹼足每一次有力的划动，他的身体都像鱼雷一样向前方快速前进。

"哈哈，我就要抓住你啦。"眼看他俩的距离越来越近，翔龙开心地叫道。

"呀——"奇奇有些自大，他总觉得翔龙没有自己游得快，听到翔龙的声音一回头，发现翔龙的鼻子尖都快要蹭到他的尾巴了，惊得他赶紧加快速度朝前方游去。

奇奇一全力加速,翔龙就有点跟不上了,他正想开口让奇奇慢点,结果一眨眼的工夫发现奇奇自己掉头游了回来,而且还有些慌里慌张的。

"哈——我可抓住你了,这可是你自己送上门来的哟。"翔龙迎了上去,一把抱住奇奇,开心地说道。

"翔龙,别闹了,快,快找个地方躲起来。"奇奇一边说一边紧张地朝四周张望,想找个躲藏的地方。

"怎么了,奇奇?"翔龙有些丈二和尚摸不着头脑,不明白奇奇忽然反差这么大的原因。

"现在来不及解释,快点找个地方躲起来,要不然就晚啦。"

奇奇看到旁边有一块巨大的礁石,可以很好地隐藏身体,他赶紧游了过去,翔龙也不得不跟了过去。

"奇奇,你到底是怎么啦?"翔龙再次问道,还以为奇奇忽然神经有些错乱了。

"嘘——快别说话了。"奇奇朝他做了一个噤声的动作,神情非常紧张。

翔龙只好不说话了,不过一头雾水的他可不想变成一个糊涂虫,他不断地从礁石后边探头探脑朝外面张望,想搞清到底发生了什么事,让奇奇忽然这么紧张。

结果还没等搞清楚,翔龙只觉得眼前突然一花,又一个海洋居民冲到了礁石后边,差点撞到他身上。

"谁呀,也不小心一点,差点撞到我啦。"翔龙没好气地抱怨道,心想今天这是怎么了,一个个都神经兮兮的。

由于速度太快,他也没看清冲过来的是谁,等看清对方的模样,翔龙不由得笑了,"哈——奇奇快看,你看他像不像一颗松球?"

"嘘——"

谁知新来的松球也做了一个让他噤声的动作,表情很是紧张。奇奇扭头看了一眼,虽然表情中也觉得对方长得很特别,但还是没有说话,这下真是把翔龙完全弄糊涂了。

"你们这都是怎么啦,一个个神神叨叨的,再不告诉我,我就不躲着了。"翔龙急眼了,他一边嚷嚷,一边打算朝礁石外面游去。

可还没等他游出礁石,只见前方十几米外忽然一片巨大的阴影闪过,速度快得好像一道闪电。

翔龙觉得情况有些不对,他赶紧退了回来,轻轻贴在奇奇身边。

"奇奇,你们躲得就是刚才那道快如闪电的身影吗?"等阴影不见了,翔龙才小声问道。

"是的,我……"奇奇一句话还没有说完,刚才那个身影又如幽灵一般出现了,但这次速度并不快,可以

很清楚地看清他的模样。

"呀——"等翔龙看清对方的样子,不由得倒吸了一口凉气,现在他终于明白奇奇和那个松球这么惊慌的原因了。

只见他体形巨大,呈流线型,足有两米的样子,最显眼的是,在他脑袋的前方,有一把利剑一样的长吻,在清澈的海水中泛着让人胆寒的银光。

这不就是曾经把奇奇追得慌不择路的旗鱼吗?

不过细看,他和旗鱼好像又有点细微的区别,因为在他的背上,并没有旗子一样长长的背鳍。

好在长得像旗鱼的家伙并没有发现躲在礁石后边的他们,他在清凉的海水中悠闲地晃荡了几个来回,就慢悠悠地游走了,再也没有回来。

"天啊,太危险了,简直吓死我了。"等对方游得不见了影子,奇奇才长出一口气道,他真是被那条蛮横的"旗鱼"吓怕了。

"可是他和曾经追赶过你的旗鱼好像有些不一样。"翔龙说出了自己的看法。

"是的,他并不是旗鱼,而是一条更加危险的剑鱼。"快要被他俩遗忘的身后的那个"松球"忽然开口道。

"剑鱼?他比旗鱼还厉害吗?"第一次听到这个名

字的奇奇和翔龙惊讶得几乎异口同声地问道。

"是的,他们或者直接用自己的利剑攻击猎物,把对方撕碎吞掉,或者用利剑在海水中上下搅动,像我这样的海洋居民就会因为躲避不及时,而成为牺牲品。"松球很平静地说着这些让奇奇和翔龙听起来觉得毛骨悚然的事,看来他早已见惯不怪了。

"天啊,这真是太可怕了。"奇奇和翔龙有些可怜像"松球"一样生活在这片海域的居民了。

"朋友,你是谁啊?"翔龙忽然反应过来,他和奇奇到现在还不知道一起躲在礁石后边这条长相怪异的海鱼的名字呢,一直这样不明不白地说下去好像有些不礼貌。

"因为我们的体型和表面的花纹很像松球,大家都叫我们松球鱼。"小鱼不紧不慢地说道。

"哈,松球鱼,这个名字还真是和你很般配呢。"奇奇绕着松球鱼圆滚滚的身子转了两圈,越看越觉得这个名字起得真是贴切。

"那你们又是谁啊?"松球鱼也礼尚往来地问道。

奇奇和翔龙说了他俩的经历,松球鱼很认真地听着,遇到说得有些不详细的地方,还会打破砂锅地一直追问。

"你们可真了不起,和那个大英雄一样了不起。"最后松球鱼很佩服地说道。

告别了模样招人喜欢的松球鱼,奇奇和翔龙继续他俩的旅行。

"奇奇,你刚才说的是怎么回事啊?"翔龙又想起了他和奇奇之前没谈完的话题。

"哦,你说那个呀,如果我们在好望角也找到了青花瓷盘这样的东西,不就证明了大英雄郑和的船队曾经去过那里吗。"经过了刚才的一番惊险,奇奇不再卖关子了。

听了奇奇的话，翔龙愣了一下，他忽然明白过来，"哈，对呀，如果我们在好望角找到来自大英雄船队的东西，不就证明他们曾经到过这里吗，奇奇，我们俩也要成了考古学家了啦。"说到最后，翔龙眉飞色舞，好像他已经成了一名成果斐然的考古学者。

奇奇对于当不当考古学家一点也不感兴趣，他一边走还一边不放心地朝四周不时张望，怕刚才那条可怕的剑鱼又突然出现——他算是被旗鱼吓出心理阴影了。

翔龙则是另外一番状态——他一边走一边想奇奇刚才说的话，越想越觉得这次的好望角之旅是一次极其正确的决定，说不定会有很惊人的发现。可是他光顾着想了，没想到又惹出了一场大麻烦。

事情的经过是这样的。

因为奇奇一门心思地提防可怕的剑鱼，翔龙在想自己的事情，所以他俩越走离得越远，而且谁都没有发现这个问题。

走着走着，前方出现了一片礁石林立、水草茂盛的区域，游在前边的奇奇转过了一块大礁石，沿着一条水道向前走，离他有些远的翔龙到跟前的时候没有注意，直接朝另一块大礁石旁边的水道游去。

翔龙只顾闷着头想事情，没留神看路，就在他想得开心，觉得自己很快就要解开大英雄郑和是否到过好望角的谜团时,脑袋忽然觉得一阵剧痛,似乎撞到了什么坚硬的东西上,紧接着一个娇滴滴的声音叫了起来。

"哎哟,疼死我了,是谁呀,走路也不长眼睛。"

声音非常娇气,一听就是个喜欢撒娇的主,多半是父母的心肝宝贝,从小就娇生惯养的。

翔龙知道自己犯了错,赶紧道歉道:"对不起,我刚才光顾想事情了,没注意看路。"虽然脑袋很疼,眼前也金星乱冒,他还是说得很真诚。

"道歉就算啦?你撞坏了我的蝴蝶结,你得赔我。"对方不依不饶,声音娇嗲得让人感觉好像在吃了一根冰冻的雪糕后,又吃了一个青柠檬,满口的牙都倒了。

虽然眼睛还花着,也没看清到底撞到了谁,不过翔龙还是继续诚恳地道歉道:"好的好的,我赔。"

等翔龙终于看清撞到的是一个身体长得圆滚滚的胖头鱼,而所谓的蝴蝶结只不过是一条中间打结的海带时,心不在焉的他随口说了一句:"不就是一根破海带吗,有什么好大惊小怪的。"

"什么!你说什么!"胖头鱼立刻竖起了眼睛,娇滴滴的脸孔也变了模样,一脸愤怒,眼里冒着怒火。

伟大的思想家在思考的时候反应都会慢半拍,翔

龙以为对方没有听清,他又重复了一句:"我说就一根破海带没什么大不了的。"

"哥哥们,你们快来呀,我被人欺负啦。"

让翔龙意想不到的事情发生了,只见胖头鱼忽然声嘶力竭地大叫起来,声音分贝高得足以让一头大鲸鱼捂住耳朵。

就在翔龙还没有搞清状况的时候,也不知道从哪里忽然冒出来一大群长相和胖头鱼模样差不多的大鱼,黑压压的,足有好几十条,他们把翔龙团团围在了中间。

开普敦

开普敦是南非的第二大城市,第一大城市是约翰内斯堡。开普敦是南非的立法首都(议会所在地),同时也是西开普省首府(南非是世界上唯一一个有3个首都的国家,除开普敦外,另外两个首都分别为行政首都(中央政府所在地)——茨瓦内,司法首都(最高法院所在地)——布隆方丹。开普敦以美丽的自然景

观及码头而闻名于世,知名的地标有被誉为"上帝之餐桌"的桌山以及印度洋和大西洋的交汇点——好望角。

松球鱼是种什么鱼?

松球鱼别名凤梨鱼,是属于硬骨鱼纲金眼鲷目松球鱼科松球鱼属的一种暖水性海洋底层鱼类,因全身体被大栉鳞,形似一颗松果球而得名,是金眼鲷目中最漂亮的一种观赏鱼。松球鱼体形侧扁,呈椭圆形,腹部有3条明显的凸棱,尾柄很短,头相对较大,体色呈橙黄色,鳞片边缘黑色,头部有浅黑条纹。

松球鱼一般栖息在海底的珊瑚礁环境中,栖息的具体深度随着鱼龄的变化而改变,一般幼鱼只生活在3~6米的浅海水域中,而成年的松球鱼则可以深入到水下几十到数百米深的地方。

因为可以在光线暗淡的深海生活,所以松球鱼具有一项特别的本领——能够自己发光。能发光是因为它们的头部生有一个发光器官,里面共生着一种名叫费氏弧菌的细菌,当细菌的浓度达到一定程度的时候,

松球鱼的头部就可以发光,这样可以帮助它们在漆黑的海里寻找并捕捉食物。

松球鱼分布比较广泛,在我国的黄海中部到南海,从太平洋到东非的印度洋,都可以发现它们可爱的身影。

三、智斗金枪鱼兄弟

"妹妹,怎么了,谁欺负你了?"一个看起来像是头领的大块头说道。

原来胖头鱼竟然是一个胖女生,难怪她说话举止那么娇滴滴的,只见她一指面前有些发傻的翔龙道:"哥哥,就是他,不仅撞坏了我的蝴蝶结,还出言不逊,呜呜……"说着,感觉受了天大委屈的胖头鱼小妹竟

然在大块头面前哭了起来，哭得抽抽噎噎，鼻涕泡还一鼓一鼓的，滑稽的样子让翔龙有些想笑。

不过翔龙可没敢笑出来，他嘴角刚向上扯了一点，就发现大块头和其他的大鱼都瞪着眼睛盯着他，于是他赶紧抿紧嘴巴。

"小海龟，是你欺负我妹妹的吗？"大块头紧盯着他，大嘴巴一开一合的，表情很吓人。

"对……对不起，我是不小心撞到她的，而且也没有出言不逊呀。"翔龙见形势不妙，赶紧解释道，由于紧张说话都有些结巴了。对于胖鱼妹的指责，他有些委屈：自己只是实话实说而已，哪有出言不逊啊。

大块头个头虽然很大，不过脑子好像比较简单，他见翔龙的态度很诚恳，转头和胖鱼妹说道："妹妹，他说没有出言不逊啊。"

"怎么没有出言不逊，他说我漂亮的蝴蝶结是破海带，这还不算出言不逊吗？"胖鱼妹气愤地用尾巴一扫沙地上已经断开的海带结，不满地反驳道。

"你是这么说的吗？"大块头又转身问翔龙。

"差……差不多，可这不是事实吗？"翔龙本来想否认，可一想男子汉要敢作敢当，自己确实也是这么说的，而且也没说错什么啊，它本来就是一节很普通的海带嘛。

"怎么样,哥哥,我没有说错吧,他就是故意气我的,你一定要给我出气啊。"胖鱼妹这下抓到了翔龙的把柄,她靠在大块头的身边,一个劲地撒娇。

"妹妹,那你说要怎么办啊?"大块头一时不知道怎么给妹妹出气,便问她的意见。

"让他给我表演杂技,头朝下拿大顶,还要在地上学螃蟹爬,什么时候把我逗乐了气消了才算完。"有大块头等人撑腰,胖鱼妹简直把翔龙看成一个杂耍的,在那里屁颠屁颠地想美事。

"你们是谁啊,我已经道过歉了,不要欺人太甚。"翔龙实在看不下去了,脸红脖子粗地回嘴道。

"哥哥你看,他还敢凶我。"胖鱼妹又找到了翔龙的错,继续跟大块头撒娇。

大块头简直就是胖鱼妹的一个应声虫,他见妹妹这么说,立刻对翔龙瞪眼道:"哼哼,我们是谁?我们就是这块地方无人敢惹的金枪鱼兄弟。快点逗我妹妹开心,否则有你小子好看。"他最后威胁道。

原来这些圆滚滚的大鱼是金枪鱼,而且是一家子,他们的父母生了他们弟兄几十个,只有一个女孩,就是胖鱼妹,从小娇生惯养,所以格外娇气,而且很爱臭美。

"对,小海龟,快给大爷们表演一个。"

"今天不把我妹逗乐了别想走。"

……

见大哥发了话,其他金枪鱼弟兄也嘻嘻哈哈的,拿翔龙开涮。

翔龙气坏了,他想反击,可是对手太多,而且个个身强体壮,自己多半不是对手,想跑,又被这一大群圆桶状的肉蛋把路封死了,连个缝隙都没留。

"小海龟,别想逃跑,识相点就快给我们表演,把我妹妹逗开心了就饶了你,否则,哼哼……"大块头虽然头脑简单,但是并不傻,他见翔龙眼睛滴溜溜乱转,一个劲朝四下偷瞄,就明白他在打什么主意。

金枪鱼

见被对方识破了,翔龙有些无奈,可是再怎样他也决心不被这群仗势欺人的金枪鱼当猴子耍,他把脖子一梗道:"休想,你翔龙爷爷可不是孬种。"

这下可把大块头惹火了,他像炮弹一样一眨眼就冲到了翔龙面前,尖尖的嘴巴几乎抵到了翔龙的鼻子尖。

"小海龟,你到底表不表演?"他语带恐吓地说道。

"就不表演。"翔龙的态度也很坚决。

翔龙勇敢的态度显然出乎了大块头的意料,他俩一时僵持在了一起,谁都没有后退。

"敢不听大哥的话,弟兄们,让我们一起去教训教训这个不知天高地厚的小海龟。"人群中也不知是谁喊了一声,呼啦一下,金枪鱼兄弟都闯了上来,把翔龙像个粽子似的裹在了中间。

局面瞬间变得对翔龙十分不利。

翔龙心里非常紧张,就在冷汗顺着他的脖子一个劲朝下流的时候,金枪鱼们的身后一个异常瘆人的叫声忽然响起:"快跑啊,鲨鱼,可怕的鲨鱼来啦——"

叫声又尖利又刺耳,听起来好像是用金属片刮擦玻璃的声音,让人觉得说不出的难受。

金枪鱼们虽然在翔龙的面前趾高气扬的,不过听到鲨鱼来了似乎也不那么淡定了,只见他们好像商量

好了似的,忽然一起转身,很齐整地朝四周张望。

"兄弟们,你们看见鲨鱼在哪了吗?"大块头有些紧张地问道。

"大哥,没看见。"他的一个兄弟回答道。

"哥哥,我怕,我们快躲起来吧。"胖鱼妹刚才还挺霸道的,一转眼就变成了胆小的小白兔。

"那这个小海龟怎么办?"另一个兄弟问道。

在金枪鱼弟兄们紧急商议的时候,那个瘆人的喊声一直在附近响起,忽东忽西的,似乎鲨鱼正在追他,让人心里感觉毛毛的,气氛也变得空前紧张。

"我们先走,今天就便宜了这个小海龟。"大块头当机立断地决定道。

像同时听见了冲锋号一样,金枪鱼们忽然一起朝一个方向冲去,速度快得如同几十发出膛的炮弹,一眨眼的工夫就不见了踪影。

见难惹的金枪鱼兄弟们终于走了,翔龙长长舒了一口气,忽然觉得大鲨鱼也不是那么让人讨厌,有时候还有点作用呢。不过他心里也很害怕,左右张望正想找个地方躲藏起来,忽然一声清脆的笑声在他的身后响起。

"哈哈,我这招不错吧。"

翔龙一听声音就明白了,是奇奇,奇奇及时赶来救了自己。

"奇奇,刚才是你喊的啊。"翔龙一个转身,果然见奇奇正笑眯眯地在他身后。

"可不,不是我还能是谁啊,怎么样,我这招很厉害吧。"奇奇一脸的骄傲。

"那么根本没有鲨鱼啰。"翔龙想确认一下,毕竟鲨鱼来了可不是开玩笑的事。

"嘿嘿,那当然啦,这只不过是吓唬金枪鱼们的计策罢了,要不然他们怎么能这么快地就跑了啊。"奇奇很得意地笑着说道。

翔龙也笑了,他觉得奇奇很聪明,这招虽然有些不光彩,不过确实很管用,要不然自己还真是对付不了这群牛气哄哄的金枪鱼呢。

那么奇奇是怎么及时赶到的呢?说起来,这还得感谢胖鱼妹呢,要没有她那声吓晕鲸鱼的尖叫,奇奇还没有发现他和翔龙已经走散了。刚开始发现翔龙没有跟过来,奇奇有些惊慌,因为他自从和翔龙认识以来,几乎是形影不离的。

可是翔龙是什么时间走散的,又去了哪里,奇奇没有一点头绪,聪明的他决定循着尖叫声传来的方向找过去看看,结果就发现翔龙已经被一大群金枪鱼包围了。

奇奇见对方个头个个都很大,如果自己贸然上前,

不仅救不了翔龙,还可能把自己陷进去。怎么办,他急得在原地来回转圈。

忽然间灵光一闪,奇奇想到了鲨鱼,这家伙几乎是所有海洋居民最害怕的死敌,如果把他们抬出来,金枪鱼们肯定会慌乱,这样自己就可以找机会把翔龙救出来了。

奇奇很佩服自己能想出这么一个绝妙的主意,于是他立刻行动,一边扯着脖子发出最骇人的叫声,一边绕着金枪鱼们快速游动,人为制造一种紧张恐怖的气氛。

结果效果出乎奇奇意料的好——也不知道是鲨鱼的威力太大了,还是金枪鱼们外强中干,根本不禁吓,总之他们都乖乖跑了,奇奇不费吹灰之力就救出了好朋友。

"嘿嘿,奇奇,你真是太棒了,谢谢你。"翔龙真心地感谢道。

"这算什么呀,你不也救过我好几次吗。"奇奇根本没当回事儿——他和翔龙早就是最亲密的家人了。

不过他俩似乎有些高兴得太早了,金枪鱼们逃走的方向忽然出现了一大片阴影——是金枪鱼们,不知怎么的他们竟然又回来了。

"好啊,竟然敢骗我们,原来你们是一伙的。"离得老远,领头的大块头就气冲冲地喊道。

"不好,他们回来了,奇奇,快跑。"翔龙反应很快,他一看是金枪鱼兄弟,就知道奇奇的把戏已经被识破了,赶快喊奇奇三十六计走为上。

他俩在前边跑,不甘罢休的金枪鱼兄弟在后边追,虽然金枪鱼们的速度非常快,是海洋里出了名的游泳健将,可是奇奇和翔龙他俩现在是逃命啊,所以也迸发出了惊人的能量,因此就算是金枪鱼,也没有追上他们。

"不要让我再遇到你们。"追了一会没有追上,感觉有些累的大块头在后边气恼地发狠道。

翔龙和奇奇不敢回头,他俩全速向前冲,心里想的都是离这群难缠的金枪鱼越远越好,最好永远不再见面。

那么金枪鱼们是怎么发现自己上当受骗的呢?原来他们游出了一段距离,连鲨鱼的影都没有发现。

"哥哥们,我们肯定是上当了,刚才一定是小海龟的同伴喊的。"胖鱼妹的大脑袋也不是白长的,还是有些智商的。

她这么一提醒,金枪鱼兄弟立刻就炸了锅。

"我也觉得不对劲,怎么游出这么远也没发现鲨鱼的身影啊。"

"大哥,我们一定是上了小海龟同伙的当了。"

……

一群胖头鱼七嘴八舌的,个个争着发表高见,吵得大块头脑袋疼。

"好啦,不要瞎吵吵了,我们这就回去,找可恶的小海龟和他的同伙算账。"大块头恶狠狠地说道,一起转身朝原路游去,一大群兄弟紧跟在后面。

这就是事情经过,奇奇和翔龙不会知道,当然他俩也不想知道,他们想的就是快点远离这里。

终于金枪鱼们不再追了,两个好朋友长长松了一口气。

"天啊,好险啊,终于摆脱他们了。"翔龙一脸死里逃生的庆幸。

"是啊,真是很惊险,我还以为会被他们追上呢,那样咱们俩就惨了。"想到自己刚才如此戏弄那些金枪鱼,真要是被那些大家伙追上了,还只不定发生什么事呢,奇奇想想就觉得后背发凉。

"我们快点离开这里吧。"奇奇也没心思看沿路的风景了,只觉得早点离开这个是非之地比较好。

"好的,朝这边走。"翔龙查看了一下地图,确认了一下正确的方向后两个好朋友沿着非洲大陆向着南边游去。

海上丝绸之路大冒险

虽然小哥俩一心想着远离难缠的金枪鱼们，可是好像他俩和这群金枪鱼弟兄很有缘分，因为在游过一片沙地的时候，这一对冤家竟然又碰到了。

经过是这样的。

在转过一片海草森林的时候，迎面忽然游过来一大群鱼，个头都很小，只有半截筷子长，而且个个惊慌失措的，拼命向前游动，似乎后边有什么凶猛的家伙在追赶他们。

本节知识小贴士

《上帝保佑非洲》

这是非洲大陆一首非常著名的歌曲，由黑人牧师诺克·桑汤加在1897年谱写，原始的歌词是：上帝保佑阿非利加洲。上帝保佑她的众领袖。祝愿非洲和她的人民，拥有才智聪明，享有统一、享有和平。20世纪60年代，坦桑尼亚第一个把这首歌定为国歌，它同时也是南非国歌（为一部分，另一部分为《南非的呐喊》）

和赞比亚的国歌(歌词不同)以及前津巴布韦的国歌。

金枪鱼一年可以产多少卵？

金枪鱼是一种大型远洋性重要商品食用鱼类,比如用它们的肉制作的金枪鱼罐头,就是世界各地许多人喜欢的美味。

金枪鱼体形粗壮而圆,呈流线型,向后渐细尖而尾柄细小,尾鳍为叉状或新月形。这样的身体构造加上强劲有力的肌肉,让它们的游泳速度非常快,瞬间时速可达160千米,平均时速为60~80千米。

金枪鱼不仅游速快,游程也远,通常旅行的范围可达数千千米,能做跨洋环游,被称为"没有国界的鱼类"。根据科学研究,金枪鱼是唯一能够长距离快速游泳的大型鱼类,实验数据显示,它们每天的游程可以达到230千米,相当于人类一天跑了五六个马拉松。

金枪鱼作为一种重要的经济鱼类,也得益于它们强大的繁殖能力——不仅每次产卵量惊人,而且全年

都可以生产,据统计,平均每条雌性金枪鱼一年的产卵量多达1000万颗。

虽然金枪鱼游得快,但是它们的鳃肌已经退化,这就要求它们必须不停地游动,使新鲜水流流过鳃部以获取氧气,否则就会因缺氧窒息而死亡。这种张口使水流直接经过鳃部吸氧呼吸的呼吸方式叫撞击式呼吸,和许多种鲨鱼的呼吸方式是一样的。

四、一只离家出走的小企鹅

"朋友,你们怎么了?"奇奇一看,就知道这群小鱼遇到了麻烦,于是好奇地问道。

他的话被一条正要快速从他面前游过的小鱼听见了,小鱼一个潇洒的急刹车,停下后匆忙地打量了他和翔龙一眼,然后惊慌地提醒道:"两位过路的朋友,快找个地方躲起来吧,可怕的金枪鱼兄弟就要追来啦。"

金枪鱼兄弟!

奇奇和翔龙听到不由得都愣住了,翔龙赶紧追问道:"你说的金枪鱼兄弟是不是一群很不讲理的家伙?"

时间紧迫,小鱼也没空和翔龙详细印证,他随口说了一句"我们这儿就一伙金枪鱼兄弟",然后就融入了逃跑的大部队,匆匆忙忙地像一股银白的潮流一样向前方游去。

"看来就是我们刚才遇到的那群家伙了。"翔龙皱着眉头说道。

"那我们现在怎么办?"一边问,奇奇一边认真地打量四周,思考着要不要像刚才小鱼建议的,找个地方躲起来。

"好，我们先躲起来，看看情况再说。"现在情况不明，翔龙也不想冒险。

他俩刚在一丛茂盛的水草后藏好，视线里一大群壮硕的身影就出现了，只见他们快得如同军舰上发射的鱼雷，在清澈的海水里快速地游动——正是之前碰到的金枪鱼兄弟。

现在的金枪鱼兄弟和奇奇、翔龙刚才看到的比起来，又变换了一副模样，只见他们变得异常凶残——张着大嘴，面对着掉落在大部队后边的小鱼，无情地发动攻击，一个冲刺过后，总有几条可怜的小鱼命丧在他们的血盆大口中。

让翔龙非常讨厌的娇滴滴的胖鱼妹现在也完全变了模样，只见她混在兄弟们的中间，凶猛地捕食，每一次出击，都会有几条小鱼沦为她的牺牲品。

这一切就像一群贪婪的"海洋狼群"，追逐在一群逃跑的羊群后面，冷酷地横扫过广袤的草原。

"这些没人性的坏蛋。"翔龙看着眼前这惊心动魄的一幕，声音低低地骂道，心里充满了对被捕食小鱼群的同情。

"翔龙，我们应该帮帮这些可怜的小鱼。"善良的奇奇不忍再旁观这场血腥的杀戮，那样太残忍了，他决心帮帮这些可怜的小鱼。

好望角杀人浪

"可是我们能有什么办法啊。"翔龙虽然也很同情小鱼们,但是对奇奇的提议并不赞同——这伙金枪鱼弟兄人多势众的,他俩刚被这群家伙追得落荒而逃,这些难道奇奇忘了吗。

"我们得想个稳妥的办法才行。"奇奇也明白翔龙的意思,他皱紧眉头,紧急思考起对策来。

还别说,真被他想出一个好主意,"我们再把刚才的办法用一次怎么样?"奇奇说道。

"你是说用大鲨鱼来吓唬他们呀,不不不,这样太危险了。"翔龙赶紧一个劲摇头,表示反对——这样的办法只能偶尔用一次,再用,狡猾的金枪鱼兄弟们未必

会上当，而且还会引火烧身。

"嘿嘿，兵不厌诈嘛，这就叫虚虚实实，真假难辨。"奇奇坚持自己的意见——这段时间的长途旅行，他确实成长了许多，都快要成为一个有谋略的军事家了。

"那——我们就试试？"翔龙认真想了一下，也觉得奇奇说得有道理——鲨鱼是所有海洋居民心中永远的痛，听到这个名字，大家就觉得心发慌头皮发麻，金枪鱼兄弟估计也一样。

"嘿嘿，试试，我们就再戏耍这些家伙一次，寻寻开心，也算是给那些被他们吃掉的可怜小鱼报仇了。"奇奇一脸的坏笑。

"好嘞，我同意，为了给这些小鱼报仇，我也豁出去了。"翔龙同意了，一想到金枪鱼兄弟们明白再次上当受骗后那气急败坏的模样，他就忍不住捂着嘴偷乐。

这时不远处宽阔的海洋中无情的杀戮还在继续，小鱼们因为速度没有金枪鱼兄弟们快，已经被团团围住，在捕食者不断的冲击下，整个鱼群已经七零八落，失去了同伴间互相掩护的小鱼们惊恐地四散奔逃，迎接他们的只能是死亡——整个鱼群面临着灭顶之灾。

情况十万火急，奇奇和翔龙必须立刻行动，他俩紧

急商议了一下行动计划,决定以海草丛为掩护,在周围展开骚扰,能救出几条小鱼是几条。

"可怕的鲨鱼来啦,快跑啊——"奇奇故技重施,带头叫道。

"快跑啊,吃人的鲨鱼来啦——"翔龙也跟着大叫。

虽然他俩叫得很努力,不过这次的效果好像不怎么好——尽管金枪鱼兄弟们短暂地停顿了一下,但是发愣只是很短的时间,他们向四周张望了一会儿,没有发现鲨鱼的身影后,立刻又展开了杀戮。也许这些吃红了眼的贪婪捕食者已经忘记了对鲨鱼的惧怕,或者他们吸取了曾经被骗的教训。

"奇奇,好像不管用了耶,这可怎么办啊。"翔龙没想到会是这样,有些傻眼。

奇奇也没有办法了,他在水草后面来回转着圈子,一脸的焦急。

如果他俩听见大块头和胖鱼妹之间刚才的谈话,他俩现在一定再顾不上同情那些被捕食的小鱼,而是再次落荒而逃了。

"哥哥,一定又是刚才那个可恶的小海龟和他的同伙在欺骗我们。"胖鱼妹气冲冲地说道,嘴角还叼着一条刚捕获的小鱼。可怜的小鱼头部被咬住了,尾巴露在外面无助地摆动了几下,就不动了。

"难怪声音这么熟悉呢。"大块头则刚吞下几条美味的小鱼，他一边吧唧嘴回味着，一边朝四周打量，观察是否真有鲨鱼身影的同时，也在仔细分辨叫声传来的方向。

"就在那边的水草丛里。"胖鱼妹是女孩子，听觉格外的敏锐。

"妹妹，我们先饱餐一顿再说，很久没吃这么痛快了，一会再找那两个小混蛋算账。"大块头恶狠狠瞪了一眼水草丛的方向，对胖鱼妹说道。

随着大块头的一声令下，金枪鱼兄弟们再次对小鱼群展开围攻，满眼贪欲地大快朵颐起来。

虽然金枪鱼兄弟们没有再次上当，不过俗话说"螳螂捕蝉，黄雀在后"，就在奇奇和翔龙在水草丛中急得团团转，无计可施的时候，一个意想不到的家伙出现了，他不仅是一条可怕的鲨鱼，而且是鲨鱼里的王者——大白鲨。

当大白鲨那标志性的呆滞眼神和剪刀尾还没有出现在视线里的时候，感觉灵敏的翔龙就忽然感到了一丝无形的杀气，他赶紧示意身边的奇奇躲在原地不要动，自己也安静地俯爬在海草丛中的沙地上。

吃红了眼的金枪鱼兄弟可没有意识到这一切，奇奇和翔龙刚隐藏好，大白鲨就出现了，只见他猛地摆

动了一下剪刀尾,像一道死亡闪电般袭向金枪鱼群。

"妈呀,大白鲨来啦,快跑啊——"危急时刻,拯救了金枪鱼兄弟们的竟然是胖鱼妹,她畅快地大吃特吃时,无意中一转头,正好瞟见大白鲨那由远及近的血盆大口,万分恐惧中她那超高分贝的尖叫终于发挥了一次应有的作用。

警报响起,金枪鱼兄弟们就像训练有素的士兵,超级齐整地朝一个方向游去,眨眼的工夫就不见了踪影,好像他们从来没有在这里出现过一样。

要知道大白鲨只对体肥肉多的金枪鱼感兴趣,对还不够塞牙缝的小鱼群是看不上的,只见他径直穿过小鱼群,向着金枪鱼们逃走的方向追去,很快也不见了身影。

可怕的捕食者落荒而逃了,意外得救的小鱼群重新集合,很快又变成了一个很大的鱼群,在恢复平静的海水里游来游去,好像什么都没有发生一样。

对于短时间里发生的这幕戏剧性的变化,奇奇和翔龙惊得目瞪口呆,不过他俩都觉得很解气,觉得这是对那些仗势欺人的家伙最好的惩罚了。

"各位,刚才可为你们担心死了。"等确定危险完全解除后,翔龙游向小鱼群,奇奇跟在他后边。

"刚才就是你们大喊引得鲨鱼来了吧。"一条小鱼迎了过来,他就是开始好心提醒奇奇和翔龙躲藏的那位。

"是的,不过我们只是想吓走那些金枪鱼,没想到鲨鱼真来了。"奇奇老实说道,他可不想贪领这个功劳。同时,他也为这位萍水相逢的朋友能逃过刚才那场劫难感到高兴。

"不管怎样,鲨鱼真来了。伙伴们,就是他俩刚才救了我们。"他回头朝密密麻麻多得数不清的同伴喊道。

听到他的喊声,小鱼们呼啦一下涌了过来,七嘴八舌地向他俩表示感谢,闹哄哄的,让奇奇和翔龙觉得身处最繁华的大都市也不过如此。

"你们是谁呀?你的伙伴数目可真多呀。"看着身边数不清的身影,奇奇又想起了刚和翔龙认识的时候,为了躲避牛鲨的追击藏身的那群沙丁鱼,只不过现在的小鱼们个头要大点。

"我们是鳀(tí)鱼,因为我们个头小,很容易成为大鱼的捕食目标,所以大家喜欢聚在一起,这样看起来就像一条很大的鱼,可以最大限度地保护自己。"小鱼解释道。

就算他不说,奇奇和翔龙也明白,这是海洋里很多弱小鱼类的生存之道——聚在一起,除了看起来像一

条大鱼,可以欺骗捕食者外,数目众多也可以让捕食者眼花缭乱,不知道该追赶哪一个目标,这样就给同伴创造了逃脱的机会。

捕食与被捕食是海洋里很平常的事,奇奇和翔龙担心金枪鱼兄弟们可能还会回来,于是告别了鲲鱼们,继续他们的旅程。

"这一天发生的意外可真多呀。"奇奇感叹道。

翔龙看了看西边的天际,太阳已经快要沉入到海平线下了,一天就要过去了。

"可不,虽然很惊险,不过也挺热闹的。"总算他和奇奇都平平安安的,翔龙觉得经历的结果不坏。

这晚奇奇和翔龙找了一个很僻静的地方——一块大礁石下的缝隙,美美地休息了一晚。前边的旅程还长,他俩太累了,不想再被突如其来的意外打扰。

第二天一早起来,神清气爽,天青海蓝,是一个特别好的天气。

"哈——多美好的天气啊。"翔龙伸了一个大大的懒腰说道。

"还说呢,你昨晚一个劲地打呼噜,害得我都没有睡好。"奇奇抱怨道。

"真的?"

翔龙吓了一跳——打呼噜不是老人才有的吗,难

道自己已经老了?

"嘻嘻,当然是假的啰。"看着翔龙一脸认真的样子,奇奇绷不住了,他嬉笑着向前方游去。

"好啊,竟然敢戏耍我,看我怎么收拾你。"翔龙这才反应过来,原来奇奇是在拿自己开玩笑呢,他故意装作很生气的样子,张牙舞爪地在后边追赶起来。

他俩在清晨宁静凉爽的大海里追逐嬉戏了好一会儿,奇奇突然停住了,"翔龙,我们离好望角还有多远啊?"他认真地问道。

"嗯,让我来看看。"翔龙也收起了刚才嬉笑的表情,拿出地图,仔细查看了一下,"前边就是南非沿海了,绕过一块海岬,就进入了福尔斯湾,再往前就是好望角了。"

"哦,还挺远的,我想我们还有几天才能到呢。"奇奇瞄了一眼地图说道。

"差不多,反正咱俩也不着急,就慢慢走吧。"翔龙一边收好地图一边说道。

在赶了几天的路后,他们终于进入了福尔斯湾。

"这个海湾好大呀。"一进入福尔斯湾,奇奇就感叹道,确实,在他面前展现的,是一片茫茫无际的海域,与其说是一片海湾,不如说是一大片内陆海。

"好望角在哪儿呢,怎么看不见啊。"看完了水势,

奇奇又打量起了地形。

"你刚才不是看过地图了吗,好望角在福尔斯湾入口的对面,还远着呢。"翔龙对于奇奇的粗心有些哭笑不得。

"对对对,我忘记了,真是不该。"奇奇也觉得不好意思起来。

"我们先到海湾里游览一番吧,如果大英雄郑和的船队也到过这里的话,一定会在海湾里停靠的。"现在奇奇也有了些阅历,他看海湾里风平浪静的,是个很好的港口,如果郑和的船队真来过这里,一定会在福尔斯湾留下蛛丝马迹。

"好的。"翔龙同意了,他也对这片美丽的海湾充满了好奇,想好好游览一番。

福尔斯湾深深内嵌在非洲大陆最南端的陆地里,沿岸人口稠密。南非最大的城市——开普敦,就在它西北岸不远的地方。福尔斯湾也是优良的避风港,还是著名的度假胜地,每年来这里观光的游客不计其数。

因为对海湾的情况不是很熟悉,奇奇和翔龙都比较谨慎,他俩离海岸远远地观望,防止出现在占城港那样的意外。

海湾风景秀美,他俩边游边观赏,不知不觉绕过了

大半个海湾,来到了福尔斯湾的西岸。

"翔龙,你快看,那是什么呀?"游在前头的奇奇忽然惊奇地叫了起来。

只见海面上一个黑白相间的身影,他的个头不大,好像一只大海鸟,只是并不飞行,而是一会在海面浮水,一会又一个猛子扎入水中,可以像鱼儿一样自如游动,速度还非常快。

"哦,你说他啊,那是一只企鹅。"翔龙看了一眼,他并没有奇奇那么惊讶——这种他俩之前没有遇到的生物,他曾经在电视上看过,就是一只很讨人喜欢的企鹅而已。

好望角杀人浪

"企鹅!"奇奇充满了好奇,因为这是他第一次看见企鹅。

"我们去和他打个招呼吧。"奇奇很想认识前方的企鹅,还想问问他一个人在海里干什么。

帝王花

帝王花又名普蒂亚花,是南非共和国的国花。其花朵硕大、花形奇特、瑰丽多彩、高贵优雅。久开不败的帝王花被誉为全世界最富贵华丽的鲜花,代表着旺盛而顽强的生命力,并象征着胜利、圆满与吉祥。

大白鲨是海中霸主吗?

大白鲨又称噬人鲨,是地球上最大的食肉鱼类(因为海洋中最大的生物——鲸是哺乳动物),身长可达

6~7米,体重为2 000~3 000千克。它拥有乌黑的眼睛、锋利的牙齿和强有力的双颚,一般身体呈灰色、淡蓝色或淡褐色,腹部呈淡白色,背腹体色界限分明;尾呈新月形,牙大且有锯齿缘,呈三角形。在所有的鲨鱼之中,大白鲨是唯一可以把头部直立于水面之上的鲨鱼,这也赋予了它们在水面之上寻找猎物的能力。大白鲨还可潜入海底1 200米深的地方。

适应性强的大白鲨几乎分布于世界各大海域,它们从亿万年前的远古走来,是现存唯一的噬人鲨属的成员。从物种进化角度来说,它们和恐龙一样珍贵,由于现在大白鲨的数量正在不断减少,濒临灭绝,故已被列为世界保护品种,禁止猎杀。

大白鲨具有极其灵敏的嗅觉和触觉,它可以嗅闻到1千米外被稀释成原来的1/500浓度的血液的气味,并以每小时70千米的速度赶去。这些凶残的家伙还善于使用阴谋诡计,这让它们更加可怕。为了有效捕捉猎物,它们首先会在埋伏在水底,由于大白鲨的背部呈深色,猎物在水面一般难以察觉它们的存在。一旦确认猎物,大白鲨便张开血盆大口,如恶魔般由下至上攻击猎物,一般第一击就会令猎物重伤。当猎物以高速前进时,大白鲨甚至会跃出水面攻击猎物。

大白鲨胃口很好,几乎什么都吃,从鱼类到海龟、

海鸟、海狮、海豹、海象,甚至濒死的巨大须鲸,都可以成为它们的美餐。虽然雄踞海洋食物链的最顶端,但大白鲨的"海洋霸主"的宝座也坐得不怎么牢靠——一旦遇到成年的虎鲸(又叫逆戟鲸),被吃掉的往往就是它们了。

五、名不虚传的杀人浪

翔龙倒没有奇奇这样的想法，不过他看眼前的这只企鹅年龄好像不大，应该是只未成年的小企鹅，但是他的行为有些奇怪。

"好吧，看样子他还是这地方的老住户呢，正好和他打听一下这里的情况。"翔龙同意了。

不过他俩并没有立刻上前和小企鹅打招呼，而是悄悄跟在后边——这是翔龙的主意，他觉得这只小企鹅的行为比较奇怪，安全起见，还是先搞清楚比较好。

就这样，他俩不远不近地跟在后边，只见小企鹅也一路向着好望角的方向游去，这让奇奇大惑不解。

"翔龙，他好像也去好望角呢。"奇奇低声和身边的翔龙说道。

"这有什么好奇怪的啊，他不是住在这里吗，好望角为什么不能去。"虽然嘴上这么说，但是翔龙心里也觉得有点奇怪。

"狐猴老爷爷不是说好望角有很可怕的杀人浪吗，他难道不害怕吗？"原来奇奇担心的是这个。

"狐猴老爷爷说的也不一定是真的，也许他听错

了,或者干脆是那条路过的大鲸鱼拿他寻开心,故意骗他的呢。"翔龙可不想还没有到好望角,就先被可怕的传言吓唬住了,他有意轻描淡写说道。

奇奇觉得翔龙的推测也不无道理——狐猴老爷爷毕竟年纪很大了,万一听错了也是非常有可能的,何况还是听一条路过的大鲸鱼随口说的呢。

"要是没有可怕的杀人浪就好了,这样我们就可以顺顺利利地通过好望角了。"奇奇顿时轻松起来。

"就算没有杀人浪,只怕还有其他想不到的麻烦呢。"一路走来,经历太多的艰难险阻,翔龙对前方的旅行现在是既不害怕,也不盲目乐观。

在他俩小声议论的时候,前边的小企鹅似乎游累了,他给自己找了一个很特别的临时休息场所——一块随着海浪漂流的宽木头。小企鹅先是躺在上面,惬意地跷着二郎腿看天上的蓝天白云,看了一会似乎烦了,又爬起身坐在木头的边缘,将两只宽大的脚浸在清凉的海水里,一拍一拍地击水玩。

"他可真会享受。"奇奇打趣道,现在他更想认识这个新朋友了。

就在他想上前和小企鹅打招呼的时候,小企鹅忽然自言自语起来,翔龙赶紧拦住了他,想听听对方说些什么。

"哼——你们不让我去，我就偏要去。"一边说，小企鹅一边用右脚狠狠地踢了一下海面，溅起了一小朵朵洁白的浪花，看样子他是在和谁赌气。

"谁不让他去哪里啊？"奇奇听得一头雾水，他悄声问身边的翔龙。

"嘘——"

翔龙做了一个噤声的手势——现在他俩离小企鹅非常近，现在还不是惊动对方的时候。

机灵的奇奇也立刻反应了过来，他顽皮地做了一个鬼脸，算是谢谢好朋友的及时提醒。

"我一定证明给你们看我不是个胆小鬼，不然我绝不回家。"这次小企鹅干脆用双脚不断地踢打海面，一时水面浪花四溅，啪啪作响，他似乎在宣誓决心。

听了小企鹅的话，奇奇和翔龙在水面下互相对视了一眼：原来是只离家出走的小企鹅。

"你在和谁闹别扭啊？"

奇奇忍不住了，他游上前去问道。

"肯定是和他的爸爸妈妈呗。"翔龙也跟了过来，随口答道，他觉得奇奇这个问题问得有些白痴。

他俩忽然出现把沉浸在自己世界的小企鹅吓了一大跳，他一下蹦了起来站在木板上瞪着两只圆溜溜的黑眼睛警惕地问道："你们是谁？"

"我是奇奇。"

"我叫翔龙。"

奇奇和翔龙态度友好地自报家门，配合得倒是很默契。

他俩友善的表情让小企鹅放松了一些，不过他还是有所戒备的问道："你们来这里干吗？为什么偷听我说话？"

"我们是来旅行的，恰巧路过，看见你一个人在这里，本来想过来问问路的，恰好听见你说了几句，嘿嘿——"翔龙觉得偷听人说话是不礼貌的行为，他赶紧不好意思地解释，虽然有些欺瞒，不过他并没有恶意。

"哦——原来是这样,那你们从哪里来,准备到哪里去啊?"小企鹅涉世未深,他立刻相信了翔龙的解释。

这次是奇奇把他们的旅行经历简略说了一通,他现在讲故事的水平也大有提高,讲得绘声绘色的,听得小企鹅张大了嘴巴,连口水顺着嘴角流下来了都没有察觉。

显然小企鹅很喜欢听这样的探险故事,"你们的旅行真是太棒了。"他兴奋地说道,"真希望也能和你们一样来一次这样的旅行。"同时他又有些羡慕。

"你也可以啊,只要你够勇敢。"奇奇鼓励道。

"不行,爸爸妈妈不让,就是去家门口的好望角,爸爸妈妈也不允许呢。"说到这里,小企鹅有些泄气地一屁股坐在了木板上。

好望角!

听到这个名字奇奇和翔龙互相看了一眼,"我们也要去那里呢。"他俩几乎异口同声地说道。

"真的?"小企鹅很惊喜地问道。

"当然是真的,我们想去寻找大英雄郑和的船队到过那里的证据。"奇奇这才想起他刚才忘了说这些,补充道。

"哈哈,这真是太好了,那我们就可以结伴一起去

了。"小企鹅高兴地在木板上蹦跳起来,木板震动得在海水里一浮一沉的。

在遇见奇奇和翔龙之前,小企鹅虽然表现得很勇敢,但实际还是有些害怕,因为这是他第一次离开家去一个完全陌生的地方。

"当然没问题了。"奇奇和翔龙也很高兴,这样可以热闹些,而且又认识了一个志同道合的新朋友。

"那你爸爸妈妈为什么不让你去啊?"奇奇也有想问小企鹅的问题。

"因为那里有可怕的杀人浪。"小企鹅很自然地答道。

杀人浪!

听到这个词,奇奇和翔龙同时倒吸了一口凉气,虽然之前已经从狐猴老爷爷那里听说过,不过他俩还一直乐观地抱着侥幸心理,觉得狐猴老爷爷也许搞错了。可是现在从一个当地居民的嘴里说出来,看来这一切都是真的了。

"怎么,你们也听说过杀人浪?"看着翔龙和奇奇吃惊的表情,小企鹅有些困惑——他俩不是第一次来这里的吗?

翔龙和奇奇简单地说了一下他俩听说杀人浪的事,小企鹅一脸的神往,"哈——马达加斯加,还有可爱的狐猴朋友们,有机会我也要去参加狐猴们的狂欢节,一定很好玩。"他憧憬道。

"杀人浪真的很可怕吗?"奇奇现在并不想谈论狐猴们狂欢节的事,他更关心杀人浪的问题,于是把这只爱做梦的小企鹅拉回到现实。

"是的,很可怕。"小企鹅还在想着马达加斯加海滩上热闹的狐猴狂欢节,有些心不在焉地说道。

"那你亲眼见过吗?"翔龙也追问道。

"没有,不过爸爸妈妈见过,说可怕极了,一艘长得一眼看不到头的大轮船都可以瞬间被杀人浪吞没,所以他们不让我去。"小企鹅终于不再想狐猴们的狂欢节了,他很认真地答道。

听小企鹅亲口证实,原来杀人浪真的很恐怖,奇奇和翔龙面面相觑,表情也变得严肃起来。

接着小企鹅也跟奇奇和翔龙介绍了他自己的来历,原来他的家就住在福尔斯湾西岸西蒙镇的企鹅滩,因为生下来身上的皮肤就特别黑,大家都叫他小黑。

从小,小黑的胆子就比其他的同伴大,他总喜欢到陌生的地方去探险,这让疼爱他怕他出意外的爸爸妈妈没少头疼。随着他的长大,离家探险的地方越来越远,但爸爸对他的管教也越来越严。

前不久的一天，不安分的小黑听说海湾口的好望角很好玩，那里不仅风高浪急，还有一座高耸的灯塔，夜晚明亮的灯光可以在苍茫的大海上射出很远的距离。他吵着要去，结果爸爸严厉地训斥了他，还要关他的禁闭。好在有妈妈求情，小黑才没有被关起来。

小黑很不服气，他打定主意，想偷偷去好望角探险，等成功回来，就可以证明给爸爸看，自己可不是一个无用的胆小鬼。

"看你们以后谁还小瞧我。"偷偷离开家的时候，小黑脸上一副英勇就义、慷慨激昂的表情。

听小黑一边讲述一边表演的滑稽样，奇奇忍不住乐了："小黑，可真有你的，和爸爸妈妈赌什么气啊。"

"谁让他们不相信我的。"小黑依然没觉得自己做错了，脖子一梗嘴硬地辩解道。

"小黑，你这么做可不对哟，你想爱你的爸爸妈妈现在该多着急多担心你啊。"虽然自己从没见过父母，但这也让翔龙格外珍视有爸爸妈妈的幸福时光，他忍不住批评小黑道。

"是的，你不应该不打招呼就离家出走的。"奇奇也想起他不幸和妈妈、兄弟姐妹们走散的情景，当时妈妈该多着急啊。

"我真的做错了吗?"小黑不再坚持,有些心虚地看着奇奇和翔龙。

奇奇和翔龙同时严肃地点了点头。

小黑低下了头,不安地看着自己在木板上扭来扭去的脚丫,看来现在他也认识到自己的行为有些冒失,有点后悔了。

"那我现在该怎么办,总不能就这么回家了呀?"现在就回去,小黑觉得灰溜溜的,一点面子都没有,心也有所不甘。虽然和奇奇、翔龙刚刚才偶遇,不过他已经把他俩当成了可以说悄悄话的朋友,于是认真地问道。

"倒也不用现在就回答,正好我们俩也要去好望角探险,那么大家一起吧,还可以互相有个照应。"翔龙

热情地邀请道。"

"好啊好啊。"小黑求之不得,他立刻欢天喜地地答应了。

说真的,虽然小黑一心想去好望角探险,不过越往前走他心里越打鼓,刚才还在犹豫要不要终止这次离家出走的行动呢。

对于小黑的家——企鹅滩,奇奇觉得有点遗憾,刚才他和翔龙还路过那里呢,但是因为离海岸比较远,企鹅们的个头又比较矮小,所以他俩都没有注意到。看来只有等有机会的时候,再去游览了。

现在旅行的队伍又壮大了一些,三个志同道合的小伙伴在清亮的海水里,沿着福尔斯海湾向前游去。

曼德拉日

2009年11月11日,第64届联合国大会通过决议,自2010年起,将每年7月18日南非前总统纳尔逊·曼德拉的生日定为"曼德拉国际日",以表彰他为和平与自由做出的贡献。曼德拉是南非民族解放运动中杰出的黑人领袖,因其在废除南非种族歧视政策方

面做出的巨大贡献,于1993年荣获诺贝尔和平奖。

杀人浪是如何形成的?

好望角,意思是美好希望的海角,是非洲西南端最著名的岬角。因多暴风雨,海浪汹涌,所以最初被称为风暴角。在很长一段时间内,由于好望角是西方通往富庶东方的主航道,故改称好望角。在苏伊士运河通航前,来往于亚欧之间的船舶都要经过好望角。即使是现在,特大油轮无法进入苏伊士运河,仍需取道好望角。

好望角常被误认为是非洲大陆的最南端,然而距离其东南约150千米,隔福尔斯湾相望的厄加勒斯角才是实至名归的非洲最南端。

因为好望角地处来自印度洋的莫桑比克厄加勒斯暖流和来自南极洲的本格拉寒流的交汇处,强劲的西风让这里常年惊涛骇浪不断,还常有"杀人浪"出现。杀人浪出现的时候,前部犹如悬崖峭壁,后部则像平缓的山坡,浪高一般可达15~20米,航行的船舶如果

好望角杀人浪

碰到杀人浪，基本会全部遭难，因此这里也成为世界上最危险的航海地段。

对于杀人浪的存在，科学界很久都没有任何认知，认为是一种谬传，直到1978年12月7号德国超级油轮"明兴号"遇到杀人浪被无情吞噬——这艘长度超过两个半足球场的货轮，是有史以来最大的现代化巨轮，被誉为"不沉之轮"，但在驶往美国的途中依然没有逃过神秘的杀人浪的杀戮。

对于如此可怕海浪的产生，传统理论根本无法做出解释，因为即使是在最恶劣的暴风雨中，海浪也不会高过10米，但杀人浪竟然可以高达30米，意味着这种现象与现有的气象学理论相悖。

根据气象学理论，海浪是大风劲吹海平面的结果，但杀人浪的出现却让此种理论陷入困境，因为没有哪种大风可以制造出如此惊人的巨浪。对于杀人浪的成因，目前有两种推测，一种理论认为，波浪及风向都朝向强大的洋流时，会抬高水面；另一种推测则认为，在某种特定条件下，波浪会变得极不稳定，并从邻近的波浪中吸收能量，进而形成杀人浪。

尽管科学家对杀人浪的形成原因还有争议，但一个无法回避的问题是，现代船舶的设计显然并未考虑到如何防范杀人浪的威胁。

六、该听谁的话

一边走,三个小伙伴一边议论好望角的情况。

"我想我们一到那里,就会有很高的大浪朝我们冲过来,然后无情地把我们吞噬。"奇奇充分发挥自己的想象,虽然脑海里的画面让他有点害怕,可是心里又有些莫名的兴奋和激动——许多时候我们都有这种矛盾心理,明明很害怕的东西,可还是忍不住去触碰,心里还觉得格外刺激。

"奇奇,你不要在这里耸人听闻了。"翔龙笑着摇摇头,他觉得奇奇说得太夸张。

"我可没有瞎说,那里一定是这样,小黑你说呢?"为了证明自己不是瞎想,奇奇想得到小黑的支持,他毕竟是当地人,说话还是有一定说服力的。

可是小黑一点都不给力,"我……我说不好,如果爸爸说的是真的,倒可能像你说的这样。"他一脸茫然地说道。

小黑的话让一心想得到支持的奇奇觉得很泄气,他有点不高兴地噘着嘴,那模样好像小黑背叛了他。

看着奇奇的样子,翔龙心里暗笑,但又打圆场道:

"好啦好啦,一会儿我们遇到当地的居民问问不就清楚了。"

这是个到陌生地方屡试不爽的好办法,俗话说路在嘴上,只要懂礼貌肯问人,总会搞清楚的。

他们的运气不错,不一会儿一个美丽的身影就从他们面前游了过来,只见他全身布满美丽的花纹,还点缀着许多白色的斑点,乍一看,好像是一只美丽的芦花鸡在海里潜游。

"他长得可真美,不知道他是谁呢?"奇奇好奇地赞美道。

"我认识,他的名字叫鸡鱼。"小黑不愧是老住户,果然熟悉当地的情况。

鸡鱼

鸡鱼！这名字可真奇怪，难道是因为身上的花纹像鸡？奇奇不由得又多看了两眼。

"我们就跟他打听一下好望角的情况吧。"翔龙提议道。

奇奇和小黑同意了，于是一起迎了上去。

"鸡鱼朋友，请留步。"翔龙大声招呼道。

"谁在叫我啊？"鸡鱼刚刚饱餐了一顿，正在散步消食，听见喊声他好奇地回头张望道。

"是我们，想跟你问问路。"一转眼他们仨就来到了鸡鱼面前，奇奇礼貌地说道。

"你们是谁呀？"鸡鱼打量了他们几眼，小黑他见过，企鹅滩的企鹅嘛，不过翔龙和奇奇就觉得面生得很。

"我是中华鲟奇奇，他是我的好朋友小海龟翔龙，我们是来这里旅行的。"奇奇伶牙俐齿几句话就把他俩介绍得很清楚。

"哦，是这样啊，那你们想问点什么？"鸡鱼看样子也是个很热心的人，虽然事发突然，但他还是决定帮忙。

"我们想问问好望角的情况，那里是不是有很可怕的杀人浪？"小黑抢着问道。

"哈哈——哈哈——"

鸡鱼忽然莫名其妙地笑了起来,把三个小伙伴都笑愣了。

"鸡鱼先生,你笑什么呀?"小黑以为自己说的话很可笑,可是自己也没有说错什么呀。他又不放心地低头看了看自己的身上,以为身上有什么惹人发笑的地方。

"杀人浪?你们听谁说的?"好半天鸡鱼才忍住笑,他一脸嘲讽地问道。

"是……是听我爸爸说的。"小黑被鸡鱼嘲讽得有些心虚,结结巴巴地回答道。

"我们俩是听马达加斯加的狐猴老爷爷说的。"奇奇也跟着回答。

"他们一定是骗你们的,那里我去过,根本就没有什么杀人浪。"鸡鱼的话让奇奇他们大吃一惊。

"可……可是,我爸爸干吗要骗我啊?"小黑一脸的困惑。

"我怎么知道,也许你爸爸不想让你这个小屁孩到处惹事吧。"鸡鱼翻着白眼斜了一眼小黑,一副大人教训小孩的模样。

"鸡鱼先生,你说的都是真的?"翔龙可没有那么容易糊弄,他用带着怀疑的眼神看着鸡鱼——如果小黑的爸爸不想让儿子乱跑而故意骗他的话,狐猴老爷爷没理由跟奇奇和自己说假话啊。

"当然,我自己亲眼所见,还能有假。"鸡鱼也不含糊,一副我说的不对你可以找我算账的表情。

"那……那里是什么样子啊?"情况出现了一百八十度的大反转,这让奇奇更加急迫想知道好望角的真实情况。

"那儿真是一个美丽的地方,我去的那天,天空万里无云,海面风平浪静,海水清澈的一眼可以看见海底来回摆动的海藻。"在鸡鱼的描述中,好望角简直就是一处世外桃源。

"天啊,风景可真美,真想早点到那儿去看看。"奇奇一脸陶醉地说道,他的脑海中立刻浮现出一幅蓝天碧海的美景图。

鸡鱼离开后,三个小伙伴议论开了。

"我该相信爸爸还是相信他呢?"小黑一脸迷糊地问道。从小他就很崇拜爸爸,觉得爸爸说的都是真理,可是万一情况真是像鸡鱼说的那样,爸爸为了自己的安全,故意骗自己的呢。

"这个,我也说不好。"奇奇现在脑子里也是一团糨糊,他分不清到底谁说得更可信。

"要不我们再找其他人问问吧。"翔龙毕竟年龄大一点,阅历也更丰富一些——多问几个人,这样便于弄

清真相。

"看来也只好这样了。"奇奇有些无可奈何地回答道。

三个小伙伴一边游一边四下张望,希望可以再遇到一个路人。

今天的运气真是不错,没走多远,他们就碰到了一个过路的——一个浑身长满尖刺的"圆球"。

"圆球"当然不是真的皮球,他只是一个体形圆溜溜,身上布满黑色斑点和尖刺,看起来很可爱的小鱼而已。

他们遇见球形小鱼的时候,他正摇着小小的尾巴,慢腾腾地在清澈的海水里游动。

"嘻嘻,他的样子真可爱,小黑,他又是谁呀?"现在奇奇把小黑当成了本地万事通,有什么不明白的都问他。

可是这次万事通失灵了,只见小黑摇了摇头,老实地回答道:"我也不认识。"

小黑不认识不要紧,奇奇可以自己问,只见他兴冲冲地游过去拦住了圆球鱼的去路。

"快闪开,想吃我没那么容易,不怕死就上来,看我不把你扎成筛子。"谁知奇奇还没有开口说话,球形小鱼就抖动着浑身的硬刺,怒气冲冲地对他吼道。

奇奇被球形鱼恶狠狠的样子吓了一跳,他赶紧后退了好几步,生怕对方一怒之下冲过来,那样自己可就要遭殃了。

"朋友,我不是坏人,我只是想和你问个路。"他赶紧解释道。

"问路?"球形鱼似乎还有些不信任他,他上下打量奇奇的时候,翔龙和小黑也赶了过来,并排站在了奇奇的身边。

"我们真是问路的。"翔龙帮着解释道。

"我证明他们说的是实话。"小黑也跟着帮忙。

"好吧,"球形鱼好不容易相信了他们,"刚才有条大鱼以大欺小,想一口吃了我,我还以为你和他一样呢。"他有点抱歉地对奇奇说道。

"没事,一场误会而已。"弄清情况后,奇奇也大度地表示不介意。

"咦,你怎么变模样了?"瞬间球形鱼好像变魔术一般,在奇奇的眼前如同泄了气的皮球,一点点瘪了下去,最后变成了一个头大尾小的长方形样子。

"嘻嘻,那是我们密斑刺鲀遇到敌人时吓唬他们的独特本领,现在才是我正常的模样。"小鱼笑嘻嘻地说道。

原来小鱼是一条密斑刺鲀,他们在遇到危险时会

好望角杀人浪

施展独门防身秘籍——大量吸入海水,让身体鼓胀如圆球,这样密布全身的棘刺就会被撑起,让他们瞬间变身成一只海中刺猬,任何一个想一口吞下他们的家伙都会在一番掂量后知难而退。

"你可真有办法。"奇奇听完密斑刺鲀的解释,由衷地赞叹道——有了这么一身防护刺甲,在危机四伏的海洋中可是安全多了。

"不是要问路吗,你们到底想去哪里啊?"密斑刺鲀看奇奇光围着他打量自己身上的刺甲了,好意提醒道。

"哦，对对对，你不说我都忘记了，"奇奇不好意思起来，他赶紧回到翔龙和小黑身边问道，"我们想去好望角，想问……"

"好望角啊，你们可千万不要去。"奇奇话还没说完，就被密斑刺鲀打断了，他一脸恐惧地说道。

"为什么？"三个小伙伴几乎同时惊讶地问道。

"你们不知道吗，那里有可怕的杀人浪，一旦你们进入杀人浪区，它就会把你们无情地卷入海底，永远也别想再上来了。"密斑刺鲀说这些的时候情绪很激动，摇着短小的尾巴不断地在三个小伙伴面前游来游去。

"你怎么知道的？"奇奇看了一眼身边的翔龙和小黑，他俩也在一脸疑惑地看着他。

"那里我去过，当时我贪玩，想游到岸边看看山顶上的灯塔，结果遇到了可怕的杀人浪，它比山头还要高，叫的声音像怪兽，难听极了，我亲眼看见它把一艘过路的轮船打翻沉入海底。要不是我机灵外加运气好，及时躲进了旁边的一个礁石洞里，我想你们就见不到我了。"密斑刺鲀语速快得像机关枪，一口气说完这些话后，脸都涨红了。

三个小伙伴听密斑刺鲀说得这么可怕，都吓得倒吸了一口凉气，好半天谁也没有说话。

"可是我们刚才遇到的鸡鱼先生说那里风平浪静,风景优美,是个很好的旅游胜地呢。"过了好一会,翔龙最先缓了过来,他半信半疑地问道。

"这我可不知道,总之我是亲眼看见的,我以我的鱼格担保,绝没有撒谎骗你们。"密斑刺鲀一脸严肃,真诚地说道。

奇奇张了张嘴想说话,可最终还是什么都没说,在他们仨大眼瞪小眼的无助中,密斑刺鲀很悠闲地游走了——经过刚才这番折腾,他肚子有些饿了,想找点美食饱餐一顿呢。

沉默一旦开始,就像降临的黑夜一样没有尽头,最终小黑打破了这死一般的静寂。

"啊,我快要被憋死了,我得上去喘口气。"因为忘记了及时换气,陪着奇奇和翔龙在水底游动的小黑差点被憋死。

要知道虽然企鹅可以在水底进行长时间的游泳和捕食等活动,可是他们毕竟是用肺呼吸的,隔段时间就需要到水面呼吸一下新鲜空气。

等小黑换好了气,奇奇和翔龙也跟了上来,三个小伙伴在海面讨论开来。

"现在我们该怎么办?"小黑问道。

截然相反的寻问结果让他们仨都有点傻眼,完全

不知道该听谁的。

"嗯,你们不要打扰我,让我来好好想想。"翔龙很有大哥的派头,皱着眉头在奇奇和小黑面前来回兜圈子。

"到底好望角我们还去不去啊?"奇奇有些沉不住气,忍不住催道。现在他的心里很矛盾,既想去查清大英雄郑和的船队是否到过好望角这个历史悬案,又怕不幸葬身在扑朔迷离的杀人浪魔爪之下。

在奇奇快要失去耐心的时候,翔龙终于有了决断,"我们再问一个路人,不管他站在哪一边,都是最后的结果。如果真有可怕的杀人浪,我们就暂时不去好望角了,再从长计议下一步的行动计划。"他认真地看着奇奇和小黑说道。

事已至此,奇奇和小黑也没有更好的主意,他俩只能同意了。

在他们仨说话的时候,一片巨大的阴影忽然从他们的头顶掠过,好像一片飘动的乌云。

好望角杀人浪

种族隔离制度

这个词汇特指在1948年至1991年间在南非共和国实行的一种种族隔离制度,这种制度是对白人与非白人(包括黑人、印度人、马来人及其他混血种族)进行分隔,并在政治、经济等各方面给予歧别待遇。这种不人道的制度直到1994年南非共和国因为长期的被国际舆论批判和贸易制裁而废止。

郑和船队的航海路线还有哪些争议?

因为几百年前的一场神秘大火,郑和船队航海的所有珍贵史料都灰飞烟灭了。与纸张一同消失的,还有关于船队航行的所有重要问题,包括航线、到过的具体地方等,现在这些很多都成了有争议的问题。

其中关于郑和的船队是否到过好望角,是否去过

美洲大陆,甚至是否去过澳洲大陆等,都成了史学家们打嘴仗的话题。关于是否去过好望角的事,我们前边已经探讨过了,下面再来简单说说另外一些争论。

首先是关于郑和的船队是否去过美洲大陆的问题。

现在多数人都认为美洲大陆是哥伦布首先发现的,但是英国海军的退伍军官、史学家孟席斯可不这么认为,他在自己震惊学术界的《1421:中国发现世界》一书中坚称,郑和船队1421年就已到达美洲,比哥伦布发现新大陆早了70多年。

与孟席斯持类似观点的,还有英国科学史家李约瑟,他在巨著《中国科学技术史》中曾援引英国地图学家弗拉·毛罗所言,1420年航行在印度洋的中国式帆船,就是郑和的船队。根据毛罗在1459年绘制的世界地图上的有关注文"约在1420年,一条来自印度的中国式帆船,由迪布角向南和西南连续航行40天(约2 000海里)后返回,在第70天回到迪布角。这艘船正是郑和船队中的一艘。"迪布角在马达加斯加岛附近,由此向南和西南航行40天,推测已过好望角,所以李约瑟认为郑和航海已绕过好望角。既然绕过了好望角,那么发现美洲大陆也是很有可能的事了。

比郑和船队到过美洲大陆这个信息更让人惊奇的,是马来西亚学者祖菲加,他认为,郑和的庞大船队在到达东非沿岸后南下继续航行,并于1422年抵达南极大陆。他还指出,郑和船队在发现南极大陆后,途经澳洲大陆返回中国。

有意思的是,澳大利亚学者菲茨拉德很认同郑和船队到过澳洲的言论,他在20世纪50年代就发表了《是中国人发现了澳洲吗?》一文,认为在15世纪,郑和的船队很有可能到达过澳大利亚西北的达尔文港,证据是1879年在那里曾出土一尊中国的寿星石像。

因为历史资料的缺失,关于郑和船队航海的伟大壮举给后人留下了许多难解的谜团,小读者们如果感兴趣的话,将来可以成为这方面的研究学者,说不定解开某个疑团的密钥就掌握在你的手里,等着你来开启呢。

七、第一次失散

"呀,刚才飞过去的是什么呀?"奇奇惊讶地叫道——从他们头顶飘过去的当然不会是真的乌云,那是一种奇特的海洋生物的阴影。

"我没有看清,不过好像是一个长着超级大翅膀的家伙。"小黑一边说话一边伸着脖子朝周围的海面张望。

就在他们东张西望的时候,一个黑乎乎的宽大身影忽然出现在离他们不远的海面上。

"小家伙们,你们是在找我吗?"宽大身影低沉着声音问道。

忽然响起的声音把奇奇他们吓了一跳,他们几乎同时转身看了过去,只见一个腹部与后背黑白分明、身体宽扁的大家伙正看着他们,尾端还拖着一条细长的尾巴,乍看起来好像是漂浮在水面的一架大风筝。

"你是谁呀?"翔龙觉得对方的模样很怪异,眉眼看起来好像一个恶魔,他有些害怕地问道。

"我嘛,名字叫蝠鲼(fú fèn),不过我们的另外一个名字——魔鬼鱼更有名。"大扁鱼倒是不怕暴露

隐私,他很大方地自我介绍道。

魔鬼鱼?!

听了这个名字,翔龙和两个小伙伴又仔细打量了大扁鱼几眼,觉得魔鬼鱼这个名字实在太贴切了——他宽大如机翼的胸鳍在海中游动的时候,如同一片飘浮的乌云,再加上脑袋顶端一对突出的肉鳍和他大张的嘴巴,看起来确实很吓人。

可实际上魔鬼鱼是位脾气很好的海洋居民,喜欢搞怪恶作剧,按照人类的说法,就是有点二。

"刚才是你从我们头顶飞过去的吗?"奇奇好奇地问道。

"那当然。"魔鬼鱼一拍他宽大的胸鳍,在水面溅起一些细碎的浪花,比鸟儿的翅膀还柔顺自如。

"你可真厉害。"小黑有些羡慕地拍了下他那对短小的翅膀——虽然他也可以跳出水面,不过可没有魔鬼鱼跳得高。

"三个小家伙,你们在这干吗?"魔鬼鱼似乎有些无聊,而且他明显对奇奇他们很感兴趣。

"我们想去好望角游玩,可是现在有点拿不定主意。"奇奇看魔鬼鱼虽然外表怪异,可是态度还是很和气的,于是实话实说道。

"为什么呀,想去就去呗。"看着奇奇纠结的表情,魔鬼鱼不以为然地撇了撇嘴。

"可是我们又怕那里有可怕的杀人浪。"翔龙接话道。

"杀人浪?你们听谁说的啊?"魔鬼鱼一脸诧异地问道,似乎翔龙说的话很荒诞。

奇奇把他们之前和鸡鱼、密斑刺鲀问路得到截然相反结果的事说了一遍,听完魔鬼鱼笑了,笑得前仰后合的,好像听见了天下最好笑的笑话。

"你们一定是被骗了。"好一会他才忍住笑说道。

"怎么会,他俩干吗要骗我们?"奇奇看了一眼翔龙和小黑,三个人一起瞪大眼睛紧盯着魔鬼鱼,等着

他解释。

"为什么骗你们我不知道,不过我刚刚从好望角游玩过来。"魔鬼鱼气定神闲地说道。

"你真的刚从好望角过来?没遇到恐怖的杀人浪吗?"三个小伙伴又互相看了一眼,奇奇惊讶地追问道。

"没事骗你们干吗,"魔鬼鱼不以为然地一摆脑袋顶上的两条肉鳍,"风浪嘛,当然是有点,不过根本就不是什么杀人浪;景色嘛,也凑合,还说得过去。我还在那里飞行来着,要不我飞一下给你们看看,瞧瞧我的姿势潇洒不?"说着魔鬼鱼就来了兴致,转过身子就准备给他们仨表演空中飞跃。

奇奇他们当然没兴趣看魔鬼鱼的表演,心想,魔鬼鱼说得和谁都有点靠边,可是又和谁都不一样,等于问了三个人得到三个不同的答案。

好不容易打发走了缠着要给他们表演飞行绝技的魔鬼鱼,奇奇和翔龙互相看了一眼,同时苦笑着叹了一口气。

"我们现在怎么办,该听谁的?"小黑第一次单独接触外面的世界,就已经被这复杂的状况完全折腾晕了。

"谁的话我们都不听,我们自己去看。"沉默了一

会之后,翔龙忽然坚定地说道。

"对,我们谁都不信,就信自己的眼睛。"奇奇也赞同道。

许多时候事情就是这样,不同的人站在不同的角度,对于同一件事情会有许多种不同的说法,就如同寓言《小马过河》里的那匹小马一样,过完河才知道,小河既没有松鼠说的那么深,也没有老牛说的那么浅。

三个小伙伴统一了意见后继续朝好望角的方向游去,这时心里明显轻松了许多。

"哈,天可真蓝啊。"奇奇抬头看了看头顶的蓝天白云,觉得心情格外舒畅。

"嘻嘻,天一直都这么蓝啊,又不是这会儿才这样的。"小黑觉得奇奇的感慨有些好笑,忍不住打趣道。

"嘿嘿,"奇奇不好意思地笑了,也不反驳,"不知道到了好望角能不能看见灯塔呢。"他一脸向往地说道。

"今天天气这么好,肯定能看见。"翔龙很有把握地说道。

就这样,三个小伙伴一路说说笑笑,不知不觉中,前方的海面上出现了一块狭长的山丘状陆地,它全部由灰黑色的岩石形成,像一把利剑,直插入苍茫浩瀚的海洋深处。

好望角杀人浪

"我想前边就是好望角了吧。"小黑看着耸立在汪洋大海中的尖利岬角,兴奋地叫道。

"我想也是。"翔龙又拿出了他的宝贝地图,认真确认了一下。

"杀人浪在哪儿?"奇奇有些紧张地探着脑袋在海面上张望,四处寻找可怕的杀人浪的踪迹。

虽然说要相信自己的眼睛,可是狐猴老爷爷、密斑刺鲀等人的话还是在他的心里留下了一些阴影。但是放眼望去,天空一碧如洗,只有几朵白云在悠闲地招手,而海面上,则风平浪静,高照的艳阳把光芒播洒在波光粼粼的海面上,泛射出一片金光——哪里有杀人浪的影子啊。

"奇奇,别找了,我想爸爸就是怕我到处乱跑,才故意骗我的,而那个皮球鱼更是个撒谎成性的大骗子。"小黑看着眼前风景如画的海景,一生气把密斑刺鲀说成了骗子。

"嘿嘿,怎么样,还是我说的对吧——自己看见的才是真实的。"翔龙摇头晃脑,很为自己的英明决策而得意。

不管怎么样,眼前优美的风景让大家都非常开心,每个人都高高兴兴地在清亮的海水中自由自在地游着,早把杀人浪的种种可怕传闻抛到了脑后。

"我来看看灯塔在哪?"一路上奇奇好几次提到灯塔,一靠近尖尖的海岬,他就急切地朝山坡上张望,寻找灯塔的身影。

实际上灯塔非常好找,因为它就矗立在岬角正面的一座小山峰上。只见山峰的顶端一个圆白色的灯塔屹然耸立,面对着苍茫大海的风浪毫不退缩,在黑沉如墨的暗夜给无数的夜航船只送去光明和希望。

"要是能看见灯塔上亮着的灯光就好了。"因为是白天,灯塔里的灯并没有点亮,奇奇有些遗憾地说道。

"哈哈,那要等到晚上来才行。"小黑有些幸灾乐祸道。

看小黑笑得很开心,后槽牙都露出来了,奇奇有些不满地斜了他一眼,心说你没心没肺傻笑什么呀,我看不到,你不也一样看不到嘛。

"如果大英雄郑和的船队曾经来过这里,不知道他是否看见过灯塔晚上照射出的灯光呢?"翔龙专注地抬头看着小山峰顶上的灯塔,像个学者一样审视着它。

可是这个问题的答案地图上没有,也找不到人能够给他确定的回答。

不过翔龙的话却提醒了奇奇,他忽然惊叫起来:"呀——你看我,光顾着看灯塔了,差点把最重要的事情都忘记了。"看他一脸自责的表情,似乎忘记了一件很重要的事。

"你忘记什么了啊？"小黑好奇地问道。

"忘记找圣物了啊。"

"圣物是什么呀？"

"狐猴们的青花瓷盘。"

"青花瓷盘又是什么呀？"

奇奇和小黑一问一答，好像讲相声，听得旁边的翔龙直想笑。

"好啦，小黑，还是我来告诉你吧。"看着一头雾水的小黑，翔龙把他们在马达加斯加岛海滩上发生的离奇故事说了一遍，小黑这才明白。

"哦——原来还有这么一段故事啊，奇奇，我来帮你一起找。"他热心地说道。

"那我们该从哪里找呢？"虽然态度很积极，可是奇奇自己并没有好的寻找方案，他求助地看着翔龙。

"嗯——让我来想想。"翔龙在原地绕了三个圈，有了主意，"几百年前的瓷盘肯定早就沉入海底了，我们到海底去找找。"他很自信地说道。

奇奇觉得翔龙分析得有道理，"让我来看看。"他不由分说，一个猛子扎入水中，向着海底潜游去。

"奇奇，等等我，我帮你一起找。"小黑急了，他赶紧一头钻入水中，向身影已经有点模糊的奇奇追去。

看着行为鲁莽的奇奇,翔龙不由得摇摇头,心想真是个毛躁的小孩子,但是他也赶紧追了下去,要不然一会儿奇奇和小黑都找不到了。

虽然离海岸很近,可是因为在山崖下面,海水很深,等奇奇他们潜到海底的时候,光线已经非常暗了,大睁着眼睛才勉强可以看清面前的东西。

"青花瓷盘在哪呢?"刚到海底,奇奇就瞪大眼睛四下张望,寻找郑和船队到访的线索。

"嘻嘻,看你这么着急,我倒是有个省事又省力的好办法。"看奇奇一副忙乱的样子,小黑忽然笑眯眯地说道,看这小子滴溜乱转的眼神就没有什么好事。

可是现在奇奇满脑子都是青花瓷盘,根本没有注意小黑脸上有些诡异的表情,他很认真地问道:"小黑,你快说,什么好办法?"

"那就是你在这里施魔法,说青花瓷盘快出来吧,它们就会长脚乖乖地走出来啦,嘻嘻——"说到最后,小黑也觉得不该这么捉弄奇奇,忍不住笑出声来。

"好啊,竟敢捉弄我,看我怎么收拾你。"小黑一笑,奇奇就知道自己被捉弄了,他故意装作很生气的样子,追赶起小黑来。

"哎——你们慢点,注意不要磕到石头伤了自己。"看着两个没长大的孩子,翔龙像个小大人似的一边无

奈地摇头,一边在后边大声提醒。

海底虽然水流不急,不过礁石林立,有些边缘还非常锋利,稍不注意很可能就会刮伤了自己。

不一会奇奇和小黑就停止打闹了,三个小伙伴分散开,彼此离得都不远,在礁石间认真寻找起来。

"翔龙,你发现什么了吗?"找了一会,两手空空的奇奇又沉不住气了,他大声问不远处的翔龙。

"没有。"翔龙很干脆地回答。

"小黑,你那里有什么发现吗?"奇奇不死心,又转头问另一边的小黑。

小黑刚从水面上换气回来,他口齿有些含糊地回道:"我也没有。"

奇怪,难道大英雄郑和的船队没有来这里?或者他们遗落的东西被人有意藏起来了?奇奇满脑子胡思乱想,站在一大片高矮宽窄错落有致的礁石间东张西望。

这个时候海上的风浪不知不觉间大了一些,晴朗的天色变得晦暗,原本耀眼的太阳连边缘都不再那么明晰,好像一滴水墨滴落到宣纸上,浸润出一圈模糊的毛边。翻涌的波浪不断地撞击着嶙峋的山崖,在浪花飞溅的同时,发出哗啦哗啦有节奏的声响。

可是在海底一门心思寻找郑和船队线索的仨人并

没有察觉海面上的这些变化,他们继续抱着下一秒就会有惊喜发现的期待搜寻着。

奇奇搜寻得十分专注,在找到两块礁石间的一片空隙时,忽然一个小虫样的东西在他面前一闪而过。暗淡的光线下,奇奇没有看清楚,他伸着脑袋正想凑近细看,忽然一个黑洞洞的大嘴从沙地上一弹而起,猛地向他咬来。

"妈呀——"出其不意的攻击把奇奇吓了一大跳,他惊叫一声,猛地向后退去,由于动作太猛了,差点碰到背后的一块礁石撞伤自己。

"奇奇,你怎么了?"

"奇奇,发生了什么事?"

听到奇奇的惊叫,翔龙和小黑一边关心地问着,同时以最快的速度冲了过来。

"我……我不知道,刚才在那边看到一个小虫样的东西从我面前一闪而过,我正想靠近看清楚,就看见一个可怕的大嘴朝我咬了过来。"奇奇惊魂未定,好半天才说出话来。

按照奇奇指的方位,翔龙和小黑小心地靠近两块礁石的中间,在他俩仔细的观察下,只见一个面相丑陋、身体短粗的大鱼正静静地趴在海底,大鱼的体色、花纹都与周围的环境很接近,如果不注意,很难被发现。

最奇特的是,在他脑门的前端,靠近一张巨口的上方,一根鱼竿样的东西有节奏地来回摆动着,前端还长着一个肉虫样的突起。

看着眼前这个怪模怪样的家伙,翔龙和小黑无声地对视了一眼:看来刚才攻击奇奇的就是这位了。

不过面前的这个怪家伙他俩都不认识,而且以他的个头,虽然不小,可是要想吞下奇奇,好像也是不可能的事。

"嘿,你是谁呀,干吗袭击我的好朋友?"看清了对方的情况,虽然有一张吓人的大嘴,不过也没见其他厉害的武器,翔龙从礁石的阴影里跳了出来质问道。

鮟鱇鱼

对于忽然出现的翔龙,怪鱼一点都不在乎,他依然懒洋洋地趴在沙地上,一摆脑袋上的"钓竿"满不在乎地说道:"这是我们鮟鱇(ān kāng)鱼的生活方式,谁被我的宝贝吸引过来我就咬谁。"

原来这条怪鱼是海洋中赫赫有名的陷阱捕猎高手——鮟鱇鱼,他们脑袋顶上天生长有一个钓竿,是由最前面的背鳍变态生长而成的,最前端的皮肤形成褶皱,看起来很像一个活灵活现的海沙虫诱饵。

翔龙被鮟鱇鱼明显不讲理的话激怒了,他上前一步正想和对方理论,忽然大海的深处传来一阵震耳欲聋的巨响,"轰隆隆——哗啦啦——"

怎么回事,三个小伙伴互相看了一眼,他们忽然发觉身边原本平缓的水流不知何时湍急起来。

"怎么了?"不知怎么的,奇奇忽然有种不妙的预感,他有些惊慌地问道。

"我们快到海面看看。"经验丰富一些的翔龙立刻叫道。

三个小伙伴立刻朝海面游去,他们刚露头还没有看清海面的情况,只见一堵高墙般的巨浪迎面袭来,瞬间就把他们三个完全吞没了。

奇奇只觉得头晕眼花,连着呛了好几口咸涩的海水,耳朵里塞满了轰隆隆的巨响,身体也好像失去控

制的风筝一样,被巨浪裹挟着不知冲向何处,他唯一能做的就是随波逐流。

"翔……呒呒……"身边到处都是气泡形成的白沫,奇奇完全无法睁眼,他刚想开口呼喊一下两个同伴,立刻又被呛了一大口水,引发了他一阵剧烈的咳嗽。

巨浪一个接一个地袭来,奇奇被冲击得天旋地转,他没有力气再去想早就不见踪影的翔龙和小黑了——现在他自己能否从巨浪中安全逃脱还是个未知数呢。

罗本岛

罗本岛,位于南非西开普省桌湾中,是南大西洋上的一座小岛,占地面积13平方千米,距立法首都开普敦11千米,因关押黑人领袖纳尔逊·曼德拉而世界闻名。从17世纪开始,罗本岛就成为殖民者关押土著反抗运动首领的地方。1960年以后,罗本岛成为南非当局关押政治犯的监狱,先后关押过3000多名黑人运

动领袖和积极分子。1964年6月，曼德拉被当时南非白人政府判处终身监禁，开始在罗本岛服刑，直至1982年才被转移到波尔斯摩尔监狱。

剑鱼和旗鱼的区别？

剑鱼，也叫箭鱼，属于鱼纲、鲈形目、鲭亚目、剑鱼科。剑鱼拥有典型的流线型身体，体表光滑，上颌长而尖，呈剑状突出，因而得名。它的"长剑"锋利异常，属于杀伤性极大的武器，常常让其他鱼类命丧剑下，然后成为它的美食。

剑鱼的体表呈深蓝色，腹部为纯蓝色，这种体色一般在沿海鱼类中很少见，是大洋性鱼类的主要特征。它们平时喜欢生活在大洋深处，安分守己，胆小怕事，但在发怒的时候，就会不顾一切地向招惹它的目标发动攻击，包括鲸鱼、鲨鱼、渔船，甚至军舰。这个时候它们游动的速度是相当惊人的，据测定，此时剑鱼的时速可达100千米或以上。

旗鱼我们前边已经介绍过，这两种鱼外形有些相

似,都有非常长的上颚,那么到底怎么区分它们呢?

首先是背鳍,如果旗鱼将背鳍竖起的话,区别显而易见:旗鱼的背鳍又高又长,好像在背部展开了一面迎风招展的旗帜;而剑鱼的两个背鳍,前背鳍又长又尖,后背鳍几乎看不见,而且中间不相连。

然后就是它们的身体形状了,旗鱼身体的横切面是扁的,并有细而尖的鳞片;剑鱼的身体几乎是圆的,成鱼没有鳞片。

最后,剑鱼的体形要比旗鱼大,最大的旗鱼也只相当于一般剑鱼的体形。

八、不怀好意的海豹兄弟

昏昏沉沉的,不知过了多久,也不知被冲出了多远,直到风浪渐渐小些,奇奇才慢慢恢复了清醒。

他一醒来就四下张望,寻找翔龙和小黑的身影,可是满眼望去,到处都是翻涌的浪花,哪里有两位好朋友的影子啊,连那座高耸在山崖之上的灯塔也不见了踪影。

"翔龙——"

他试着叫了一声,周围一片沉默,只有"哗啦哗啦"的海浪声在不知疲倦地重复着,最亲密的好朋友没有任何回应。

"小黑——"

他又试着叫了一声新认识的朋友,他是当地居民,也许对地形熟悉一些,可以及时从恶浪里脱身。

可是周围依然一片沉默,沉默得让奇奇心里莫名地发慌。

他俩不会都遇难了吧?奇奇忽然有一种不祥的预感,心里闪过一个让他极其害怕的念头。

"呜呜——翔龙——小黑——"奇奇忽然哭了起来,

好望角杀人浪

大颗大颗晶莹的泪珠从眼角滚落,哭声里蕴含着恐惧、委屈和对朋友的思念。

在奇奇的记忆里,这应该是他和翔龙在长江口的大陆架相遇以来,第一次真正失散,完全没有对方的消息,甚至不知道此刻对方是生是死。

伴随着奇奇的哭声,周围的海浪依然在不知疲倦地喧嚣着,它们无情地扑向奇奇弱小的身体,在他的周围翻腾、飞溅,发出"哗哗"的响声,似乎在嘲笑他的懦弱。

奇奇哭了一会,忽然停住了,只见他勇敢地迎着不断迎面扑来的浪花,不再像之前那样躲闪、畏缩。

"我一定要找到翔龙和小黑,恶浪,我不怕你。"他坚定地对着面前奔涌的浪花说道。

是啊,在无情的杀人浪面前,胆小、怯懦只会更加助长对方的气势,只有勇敢、坚强才是战胜一切困难的法宝。

这会奇奇已经反应过来,刚才把他们仨打散的,应该就是传说中恐怖的杀人浪了。哼——杀人浪也不过如此,他在心里暗想。奇奇还想明白了一件事,那就是之前问路的三位说法为什么都不一样——实际他们都没有说谎,在穿过好望角的不同时刻,海洋会显露不同的面孔,或者是晴空万里下的风平浪静,或者是风暴来袭时的暴躁狂怒,这些都是好望角真实的面目。

虽然放下了畏惧,可是到哪里去寻找走散的翔龙和小黑呢,奇奇看着一片白茫茫的汪洋大海,一筹莫展。如果在往日,遇到难以解决的难题,他还可以和翔龙商议一下,可是现在就剩他一个人了,一切都只能靠他自己了。

风浪虽然没有之前那么恐怖,可是依然有点大,聪明的奇奇决定先潜到水下,暂时躲避浪涛的锋芒。

果然,在几十米的海面之下,风浪小了很多,只是依然有不断下沉的浪涛冲击到深水之下,形成许多气泡,在浮力的作用下袅袅上升,把海洋变成了一个童

话般梦幻的世界。

如果是平时,奇奇一定会兴高采烈地围着无数个气泡追逐、嬉戏,可是现在他心里满满的都是对两位好朋友的担心,根本没心情欣赏这奇幻的美景。

该去哪里寻找翔龙和小黑呢,奇奇冷静思考了一下,他决定使用老办法——找人询问,也许有人见过小黑和翔龙也说不定呢。

奇奇四下张望,可是满眼除了白色的气泡,空无一人——所有的海洋居民,包括当地的或者过路的,都被突如其来的杀人浪吓得不知躲到哪里去了。

这可怎么办,如果连最后的一招都不管用的话,奇奇还能有什么好办法?

奇奇瘪了瘪嘴刚想哭,他忽然想起自己刚刚下定的决心,他猛烈地甩了甩头,把涌到眼眶的眼泪又憋了回去。

奇奇,你可一定要坚强勇敢啊,翔龙和小黑说不定都等着你去救援呢,他暗暗提醒自己。

好在天无绝人之路,在他沿着一片气泡的世界向前摸索着游了一段时间后,一件意想不到的事情的发生了,让他暂时忘记了自己所处的困境。

意外发生在奇奇游过一块高耸的礁石旁边时,一小截细长的物体扫了一下他的脖子,他以为只不过是一条附生在礁石上的矮小水草而已。

"可恶的水草,连你也来欺负我。"奇奇觉得脖子被扫的痒酥酥的,很不好受,他看也没看,随口抱怨道。

"谁欺负你啦,明明是你不小心撞到了我,我还没有生气呢。"一个尖脆的声音忽然在奇奇的耳边响起,只是在喧哗的海浪声里,听得不是那么真切。

忽然响起的声音把奇奇吓了一跳,他赶紧回头张望,可是很奇怪,在一片白色的气泡里,并没有看见说话的人。

难道是自己听错了?奇奇用力摇了摇脑袋,觉得可能是自己的幻觉。

"瞎瞧什么,我就在你眼前,看不见吗,真是白长了一对大眼睛。"那个声音又近在咫尺地说道。

奇奇一脸的惊骇:难道大白天海洋里闹起了海妖?怎么光听见说话不见人呢。

"一定是刚才的杀人浪把深海里的妖怪放出来了。"他不由得自言自语道。

"啊呸——你才是妖怪呢。"那个尖脆的声音怒气冲冲地骂道。

这下奇奇终于听清楚了,也看见了,原来说话的人就在他鼻子尖前几厘米的地方,就是那条扫到他脖子的"水草"。

好望角杀人浪

"天啊,海草都说话啦,我一定是死了,被杀人浪冲入海底的地狱了。"奇奇被自己说出的话吓傻了。

"啊呸——你才是海草,你才活在地狱呢,喜欢胡说八道的小怪鱼。""水草"不满地斥责道。

现在风浪好像小了一些,就连水里的气泡也少了,奇奇仔细观察了一下眼前的那条会说话的"水草",这才发现他原来是一条体形小巧、体色暗淡的小鱼。

"原来你不是水草啊。"由于事发突然,奇奇的大脑还没有反应过来,他傻乎乎地说了一句。

"你家水草会说话吗?那还不成妖精了啊。"小鱼不满地抱怨道。

"嘿嘿,是啊。"奇奇也觉得自己说错了话,不好意思地笑了。

很快他又发现了奇怪的地方,只见小鱼尽管个头很小,还没有一个螃蟹的腿长,可是在汹涌的浪涛里,他竟然没有被冲走,而是像一块狗皮膏药似的,牢牢地贴在了凹凸不平的礁石上。

小鱼没有手脚,他是怎么做到的呢?奇奇大惑不解,凑近了细看,眼睛几乎对成了一对斗鸡眼,依然没有看明白。

"你怎么没有被海浪冲走啊?"奇奇不解地问道。

海上丝绸之路大冒险

"嘿嘿,这就是我们鹤姥鱼的看家本领了。"小鱼得意扬扬说道。

原来这条不起眼的小鱼是一条鹤姥鱼,不过奇奇并不清楚他是何方神圣。

"你是怎么做到的啊?"奇奇很佩服地问道——就算他自己,比小鱼不知大了多少倍,还不是被杀人浪冲得晕头转向的,连最好的朋友到现在都没有找到呢。

"嘿嘿,你看我的腹部,我们鹤姥鱼不怕风浪的秘密就在那儿。"小鱼很神气地说道。

按照小鱼的指点,奇奇转到侧面仔细一看,只见小鱼的腹部好像有一块扁扁的肌肉,像吸盘一样紧紧贴

鹤姥鱼

在礁石的表面。

"我们的腹鳍经过长期的演化,已经变成了吸盘,这样我们就可以牢牢吸附在礁石上,不用害怕被风浪冲走了。"小鱼的解释证实了奇奇的判断。

"你们这个本领太有用了。"奇奇由衷地羡慕道,要是他和翔龙、小黑也会这项本事,就不会被杀人浪冲散了。

"那是,要不是天生会这项本领,我们这么小的个头怎么能在这里生存呢。"小鱼自豪地说道。

"你在这儿干什么?"小鱼觉得奇奇很眼生,他好奇地问道。

奇奇这才想起自己的目的,因为小鱼的行为太奇怪,刚才光顾着看稀奇了。

"你看到过我的朋友们吗,他们是一只小海龟和一只小企鹅。"奇奇抱着希望问道。

"没看见。"小鱼的回答让奇奇很失望。

"你再好好想想。"奇奇不死心。

"起风浪的时候,我就一直在这里躲避,确实没看见啊。"小鱼认真想了一下,还是很肯定地说道。

奇奇有些泄气,不过也算是有一点收获——看来翔龙和小黑并没有和他朝一个方向冲来。

现在奇奇已经冷静了下来,他经过认真的思考,决定还是先回到灯塔那儿，如果翔龙和小黑都活着的话，他们也一定会想办法回到那儿的。

"这是什么地方啊，我要是想去好望角灯塔那儿该朝哪边走呢？"奇奇想起一个很关键的问题，正好小鱼一直生活在这里，是个很好的问路人。

"嗯，让我来看看。"小鱼很热心，他扭头扫视了周围一番，脑袋冲左边侧道，"一直朝那边走，你就能到了。"

"谢谢。"奇奇对小鱼的及时帮助非常感谢。

"不客气。"南非鹤姥鱼也很礼貌。

心里火烧火燎的奇奇告别了小鱼——现在风浪没有停歇，小鱼还必须把自己固定在礁石上，等风浪差不多停止了才能离开自由活动。

沿着小鱼指点的方向，奇奇迎着风浪一直奋力朝前游去，在他感到有些疲倦的时候，一个熟悉的白色圆柱状物体出现在视线里——是灯塔，好望角山崖上的灯塔。

"哦——我终于回来啰。"奇奇激动地叫了起来，要不是浑身又疲乏又酸痛，他一定会开心地在水面来几个漂亮的跳跃动作的。

让奇奇更激动的是，在灯塔下的海面上，有一个小小的黑点在移动，因为离得太远，看得有些模糊，不过

可以肯定的是,那一定是一位海洋居民,而不是浮标一类的东西。

难道是翔龙?或者是小黑?奇奇的心狂跳起来。瞬间忘记了疲倦,浑身充满了无穷的力量,他努力抑制着自己激动的心情向着灯塔下的海面箭一般地冲去。

"翔龙——小黑——"

远远的,奇奇就激动地大叫起来,不管远处的身影是翔龙或者小黑,起码和一位好朋友重逢了,他不再孤单了。

远方的身影听见了随风飘来的叫声,他停住了,努力向奇奇的这个方向张望,"奇奇——"他忽然欢呼了一声,快速向这边游了过来。

近了,更近了,奇奇已经看清了那件黑白相间的漂亮燕尾服——是小黑,小黑率先回到了灯塔下来等他们了。

"小黑——"

"奇奇——"

两个好朋友相遇的一刹那,激动地拥抱在了一起,幸福的泪水顺着眼角滚滚而下。

"太好了,终于找到你了。"奇奇开心地说道。

"是啊,我就知道你们一定会来这里,所以我就到这里等着了。"小黑也一脸幸福道。

海上丝绸之路大冒险

"你看见翔龙了吗?"他俩几乎同时问道。

"没看见,"小黑先摇了摇头,"我们被杀人浪冲散后,我飘出去很远,好不容易脱身后,等风浪稍微小点就急着回来找你们了,一直到遇见你。"

奇奇也简要说了一下他别后的经历,小黑没有像之前听故事那样不停地追问——现在翔龙下落不明,哪还有心思问不相干的事啊。

"我可真担心他啊。"奇奇叹了口气,一脸关切地说道。

"没事,他可比你我厉害多了,一定不会有事的。"小黑贴心地宽慰道。

"是啊,我也觉得不会有事,一定是正赶往这里和我们会合呢。"奇奇觉得小黑说得有道理,如果他和小黑都能从杀人浪中全身而退的话,经验丰富的翔龙没有理由会遇到危险。

他俩决定在原地等待,可是翔龙一直没有出现,不知被杀人浪冲到了哪里。奇奇和小黑等了一夜,决定不死等了,他俩要主动出击,去寻找翔龙的下落。两人研究了一下,决定继续朝前走,这个方向是他俩被冲散后都没有去过的方向。

"也许翔龙认为我们会往前走,所以一直在前边等我们呢。"小黑分析道。

"也许是吧。"奇奇重重地点了点头——于他而言,不管小黑说的是什么,都是一根救命的稻草,稻草在,找到翔龙的希望就在。

绕过好望角后,他们尽量沿着海岸线走,这样不会迷路。在进入一个小小的海湾后,风浪又小了一些,这让奇奇和小黑都轻轻松了一口气。

"这里的风景可真不错。"小黑看了看头顶的蓝天白云说道。

"是啊,要是翔龙在就好了。"奇奇接话道。

奇奇的话让两个小伙伴都暂时沉默了一会,然后两人又故意没话找话地闲聊起来,好像不说话整个世

界都静得可怕。

在闲聊的时候,俩人都没有注意到,在岸边的一块大礁石上边,四只圆溜溜的眼睛紧紧地盯着他俩的一举一动,尤其是看见小企鹅小黑的时候,四只圆眼睛同时一亮,互相对视了一眼,露出了一副意味深长的表情。

祖鲁人

祖鲁人是南部非洲一个古老的民族,也是南非境内单一最大的黑人种族,20世纪晚期约有900万人。祖鲁人传统上以农业为生,也在树木稀少的草原上牧养大群的牛,经过19世纪连年战争,欧洲殖民者夺走了祖鲁人的牧场和水源,家产尽失的现代祖鲁人多半依靠在白人农场做工或在南非城市里工作谋生。

鮟鱇鱼有哪些奇特习性？

鮟鱇鱼有许多好玩的别称，比如结巴鱼、蛤蟆鱼、海蛤蟆等，这都是因为它们的体形看起来又宽又扁，形似一个趴在地上的大蛤蟆，让人觉得十分有趣。不过你可千万不要被它憨厚的外形所欺骗，这些看起来老实本分的家伙，实际是海洋中一位捕猎技术高超的猎手。

平时鮟鱇鱼安静地俯卧于海底或缓慢活动，状如一块岩石，如果有小鱼等猎物从身边游过，它们就会发动闪电般的攻击——大嘴一张，猎物就成了它们美味的食物。

鮟鱇鱼有许多奇特的习性，一个是它们会钓鱼，第二个是雄鮟鱇鱼会长在雌鮟鱇鱼的身上一起生活。

先说钓鱼。在鮟鱇鱼头部上方有个肉状突出，形似小灯笼，是由鮟鱇鱼的第一背鳍逐渐向上延伸形成的。生物学上把这个小灯笼称为拟饵——前段好像钓竿一样，末端膨大形成诱饵。小灯笼还会发光，这是因为在灯笼内具有腺细胞，能够分泌光素，光素是在光素酶的催化下，与氧作用进行缓慢的氧化进而发光的。深海中有很多鱼都有趋光性，于是小灯笼就成了鮟鱇鱼引诱食物的利器，形如渔夫在钓鱼一样。当遇到一些凶猛的鱼类时，鮟鱇鱼就会迅速把自己的小灯笼塞回嘴里，然后趁着黑暗逃走。

也不是所有的鮟鱇鱼都有这个小钓竿，雄鮟鱇就没有，它们的体形一般只有雌性的六分之一大。这就说到了鮟鱇鱼的第二个奇特习性——雄鱼长在雌鱼的身体里。之所以有这样奇特的习性，是因为雄性鮟鱇鱼生活在黑暗的大海深处，不仅行动缓慢，而且体形比雌性小很多，在辽阔的海洋中雄鱼很难找到雌鱼。一旦遇到雌鱼，雄鱼就抓住机会，咬破雌鱼腹部组织，钻入其皮下一直到死，雄鱼一生的营养也由雌鱼供给。久而久之，鮟鱇鱼就形成了这种绝无仅有的配偶关系。

九、海豹危机

紧盯着奇奇和小黑的,是两只海豹,准确地说,是一对海豹兄弟。

个头大些,长得更壮实的是老大,此刻他正高高抬着头,盯着小黑看。体形稍微瘦些的是老二,他的眼神里透着一股精明劲,一看就不是一个省油的灯。

"大哥,看,来了一只小企鹅。"瘦海豹说道。

"我看见了,二弟。"壮海豹盯着小黑目不转睛地回答道。

"看起来好像不错呢。"老二接着说道。

"嗯,应该符合要求。"老大点头。

"大哥,旁边还有一条小怪鱼。"老二又打量了一番游在小黑身边的奇奇道。

"不是我们的菜,不用管他。"海豹老大冷冰冰地说道。

"那我们该怎么行动?"老二扭头看着大哥问道。

"我们先过去和他俩打个招呼,然后再见机行事。"海豹老大认真考虑了一会,对兄弟说道。

商议妥当,海豹兄弟有些笨拙地跳下礁石,一进入

水中，两兄弟就像两条黑色的大鱼一般，灵活地向奇奇和小黑游去。

"嘿，两个小家伙，你们好啊。"为了显得亲切些，还有一段距离，海豹老大就热情地打招呼道。

对于忽然出现的海豹兄弟，没有留神的奇奇和小黑都吓了一跳，等他俩看清出现在面前的是两幅笑容满面，很和气的面孔时，才稍稍放松警惕。

"他们是谁？"奇奇没有见过海豹，他见对方的模样完全不像海里的鱼类，倒像陆地上的动物，于是好奇地小声问身边的小黑。

以前，奇奇遇到不知道的事都是问翔龙的，这不由

得让奇奇忽然心里一酸。

"他们是海豹。在好望角的另一边,有一座海豹岛,上面住着海豹,我想他们也应该是住在那儿的。"小黑虽然没有去过海豹岛,不过见过海豹,也听爸爸说过海豹岛的事。

海豹!

这是奇奇第一次看见海豹,他觉得这种另类的海洋居民非常有趣,不仅浑身肉乎乎的,而且嘴边还长着许多根长长的胡须,让他们看起来特别滑稽,像个未老先衰的小老头。

"两位小兄弟,你们这是要上哪儿去啊?"一会儿工夫,海豹兄弟就和他俩热络起来,老大称兄道弟地问道。

"我们要去找好朋友翔龙,他被杀人浪冲散了。"小黑没有一点防备心,他老实地回答道。

"翔龙是谁?"老二眨着眼睛机灵的试探道。

"他是一只小海龟,我们仨是一起到好望角探险的,没想到遇到杀人浪,被冲散了。"小黑又抢着说道。

"哦,是一只小海龟啊——"老二拖着长音,扭头看了大哥一眼,不动声色地挤了挤眼睛。

"小海龟——对对对,我们看到过。"老大也不易察觉地朝老二眨了眨眼,然后一脸认真地对奇奇和小黑说道。

十、正义的玳瑁爷爷

"你们见到过翔龙?"奇奇大喜过望,一下子冲到海豹老大面前,差点停不住撞到他高远的胸脯上。

"当然。"老大一本正经地点了点头。

"什么时候?在哪里?"情急之下,奇奇的问题像连珠炮一样射了出来。

"嗯——就在今天早上,在那边。"海豹老大一指海豹岛的方向。

奇奇看了一眼小黑,小黑点点头——这正好是他们要去寻找翔龙的方向,看来海豹们说的很有可能。

"那翔龙现在怎么样?"奇奇回头激动地继续追问道。

"嗯,他嘛……"老大可能没想到奇奇会问这个问题,一时有些语塞,下意识地用宽大的前肢挠着脑袋,在想怎么说。

"你们的朋友看起来还行,不过游泳的时候好像有些……"老二赶紧接过话头,不过这个狡猾的家伙故意说了一半又停住了。

奇奇果然上当了,他一听就急了,"怎么,翔龙受

伤了吗？"他焦急地追问道。

一想到翔龙可能受伤了，而自己还不在他的身边，奇奇的心都要碎了。

奇奇的伤心表现海豹兄弟都看在眼里，他俩又意味深长地互相对视了一眼，老二接着道："也可能没受伤，我们就是擦肩而过，我也没看得太清。"

老二的话又给了奇奇一丝希望，他刚才乍听到翔龙可能受伤的消息时，眼泪一直在眼眶里打转，差点就涌了出来。

"奇奇，翔龙一定会没事的。"小黑也善解人意地安慰他。

"两位海豹哥哥，你们能带我们去找他吗？"为了尽快找到翔龙，奇奇开口恳求道，因为他俩是目前为止唯一见过翔龙的人。

"求求你们，帮帮忙吧。"小黑也懂事地帮着一道恳求。

"这个……"海豹老大故意装作有些为难，他看着老二道，"兄弟，我们好像还有些事要办呢。"

"对呀，哥哥，今天我们有件很重要的事情要办呢。"滑头的老二立刻明白了大哥的意思，弟兄俩一唱一和地搭起话来。

奇奇有些失望，不过为了尽快见到翔龙，他也豁出去了,继续厚着脸皮恳求道:"求求你们了,帮帮我们吧。"

海豹兄弟无声地交换了一下眼色,老二冲老大微微点了点头,那意思好像在说大哥,咱们见好就收吧。"老大又假装思考了一下,这才勉强点头道:"好吧,要不是看在你们很着急,担心朋友的份儿上,我们弟兄才没工夫帮你们呢。"

听到海豹兄弟答应了,奇奇和小黑高兴坏了,两个人像复读机似的,一个劲和弟兄俩说着谢谢。

"朝这边走。"老二很热情地招呼道。

海豹兄弟在前边带路,奇奇和小黑紧跟在后边,一行人向着海豹岛的方向游去。

游了没多远,前边忽然出现了一个有些熟悉的身影,看起来有些像海豹兄弟,只是个头小些,身上的毛好像也多些。

"咦,那是你们的同伴吗,我们再去问问他吧。"小黑一眼就看见了,他想过去打听一下,好早点得到翔龙确定的消息。

"我们快走吧,你们的同伴就在前边呢。"海豹兄弟不说同意也没说不同意,只是一个劲催促。

"不,我想去问问。"奇奇态度坚决地说道。

海豹兄弟又不动声色地互相交换了一下眼色,老

大朝老二微微地点了一下头。

"好吧,你们想问就问吧,你们不怕耽误时间我们兄弟更不在乎。"海豹老二装作一脸无所谓地说道。

奇奇毫不犹豫地朝那个身影游去,小黑紧随其后——现在奇奇的想法很简单,就是想早点得到翔龙平安的消息,根本没有留意海豹兄弟表情上的变化。

看着奇奇和小黑的背影,海豹兄弟表情复杂地相互对视了一眼,老大朝着他俩的背影一歪头,兄弟俩像甩不掉的狗皮膏药似的紧贴了过来。

"朋友,请等一下。"那个身影在清凉的海水里自顾自玩耍得很开心,他不停地在水中钻进钻出,游速很快地向前方前进,奇奇怕他一眨眼就不见了,赶紧招呼道。

"谁在叫我啊?"对方的耳朵很灵,他听见奇奇的叫声,停了下来,回头朝后边张望着。

"是我。"奇奇赶紧加快速度游了过来,小黑寸步不离地跟着。

"你们叫我什么事啊?"见对方是一只小企鹅和一条没见过的小怪鱼,他好奇地问道。

到了跟前,奇奇才发现他和海豹兄弟还是有着明显的区别:他脑袋的两侧各有一个小巧的耳朵,衬着

海上丝绸之路大冒险

圆溜溜的大脑袋,看起来有些滑稽,而海豹兄弟脑袋上则光溜溜的,没有耳朵。

"朋友,我们想打听一下,你见过一只小海龟吗,他是我们走散的朋友。"奇奇大睁着圆圆的眼睛,期待地看着对方。

"小海狗,不知道的事别乱说,要知道祸从口出哦。"奇奇还没有等到回答,跟了过来的海豹老二开口了,语气里带着一丝恐吓。

原来奇奇他们打听的对象是一只海狗,难怪远远看起来和海豹兄弟那么相像呢。

海狗好像对身强体壮的海豹兄弟有些害怕,或者

他是真的不知道，只见他有些结巴地对奇奇说了句："别……别问我，我……我什么都不知道。"就赶紧慌里慌张地游走了。

"你为什么不让我问话？"看着匆匆忙忙离开的海狗背影，奇奇有些生气地质问海豹老二。

"哪有啊，他不是自己说不知道了嘛，我们还是快些赶路吧，你们的朋友小海龟在前边等着呢。"海豹老二脸不红心不跳地狡辩道。

"是啊，快些走吧，要不你们的朋友该等着急了。如果他真的受伤了，也许正焦急地等着你们去救他呢。"老大帮着劝说道，他很懂得奇奇此刻的心思，一下就触碰到了他心里最柔软的地方。

面对海豹兄弟的左右夹攻，奇奇有些无可奈何——他们毕竟是唯一知道翔龙下落的，而且海豹老大的话一下击中了他心里的痛处，一想到翔龙可能受伤了，正躺在某个荒凉的沙滩可怜巴巴地等着他去救援，奇奇的心都要碎了。

"奇奇，还不能和他们闹翻，到现在只有他俩见过翔龙，知道翔龙在哪。"小黑贴了过来，在奇奇耳边悄声说道。

奇奇也明白现在的局面，他不再和海豹兄弟争论，只是小肚子明显气得一鼓一鼓的。

接下来海豹兄弟依然在前边领路,大家继续朝前游去,不过气氛就没有刚开始那么和谐了,海豹兄弟一边走一边不住地回头看,还不时交头接耳地小声议论着,也不知道鬼鬼祟祟地在说什么,看见奇奇和小黑在注视他俩,立刻又转回了头,装作没事儿一样。

海豹兄弟的反常举动引起了小黑和奇奇的怀疑,他俩也悄悄开起了小会。

"奇奇,你有没有觉得海豹兄弟有点奇怪啊?"小黑看了一眼前边海豹兄弟的背影,压低嗓门对奇奇说道。

"我发现了,感觉他俩一定有什么事瞒着我们。"奇奇说出了自己的疑惑。

"会是什么事呢?我们和他俩是第一次见啊,以前又不认识。"小黑一脸不解道。

"我也说不清,不过咱俩得留点神,不能他俩说什么就是什么。"奇奇说出了自己的应对之策,现在阅历最丰富的翔龙不在,一切只能靠他自己了。

又走了一会,海豹兄弟的表现越来越可疑,只见他们不断地四下张望,看起来好像是在寻找翔龙,但脸上诡异的表情让奇奇和小黑觉得,这兄弟俩心怀鬼胎。

"翔龙到底在哪?"奇奇忍不住了,他游过去拦住海豹兄弟问道。

"你们到底是在什么地方看见翔龙的?"小黑也帮着追问。

"啊,就在前边,两位老弟别着急,一会儿就到了。"海豹老大皮笑肉不笑地说道。

"你们要是不说清楚,我们就不走了。"奇奇坚持道。"对,我们不跟你们走了,我们自己去找。"小黑声援好朋友道。

见奇奇和小黑的态度很坚决,海豹兄弟又互相交换了一下眼色,只见他俩忽然脸色一变同时翻了脸,老大恶狠狠地对奇奇和小黑说道:"你们到底走不走?"

克鲁格国家公园

克鲁格国家公园是南非最大的野生动物园,位于德兰士瓦省东北部,毗邻津巴布韦、莫桑比克两国边境。公园总面积约2万平方千米,园中一望无际的旷野上,分布着众多的动物,有大象、狮子、犀牛、羚羊、长颈鹿、野水牛、斑马、鳄鱼、河马、豹、猎豹、牛羚、黑斑羚、鸟类等异兽珍禽。植物方面有非洲独特的、高大的猴面包树。每年6～9月的旱季是入园观赏旅行的最好季节,年均游客在25万以上。

你了解鹤姥鱼吗?

日前,国外一家媒体的新闻报道震惊了世界,报道称,一种十分恐怖的新的海洋生物被发现了。新闻配发了一张图片,海边的沙滩上,一个人手里捏着一条

通体红色的小鱼的尾巴。小鱼的头比身体还大，大张的嘴里白森森的牙齿外露着，浑身血红色的皮肤干皱，一双邪恶的眼睛似乎正在盯着你看，眼睛上还有奇怪的斑点——总之，这是一副看一眼就会让人晚上做噩梦的恶魔般的面孔。

根据报道，这条面目丑陋、狰狞的小鱼尸体，是在南非开普敦附近的海边偶然发现的，广泛传播后，当地立刻有海洋鱼类学家对它展开了研究。

经过开普敦大学生物学系教授的分析，终于揭开了这条模样怪异的小鱼的秘密——原来这具鱼尸体是一种叫作鹤姥鱼的海洋鱼类，在死后被海浪冲到沙滩上，迅速流失水分变干，尸体发生了急剧变化，才出现了照片上如此可怕诡异的模样。

鹤姥鱼，又称鹤喉盘鱼，是喉盘鱼科鹤姥鱼属里的唯一一种小型海洋鱼类。这种小鱼体形比较细长，吻很尖，长于眼径，乍一看有些像鹤嘴。这种鱼最奇特的地方在于它的腹部，那里有一块吸盘，是由它的腹鳍进化而成的，可以让它们在浪涛汹涌的时候，固定在礁石上，不让小小的身体被海浪冲走。

十、企鹅失踪之谜

"就不走,你们说不清楚我们就不跟你们走了。"面对凶神恶煞的海豹老大,奇奇也不甘示弱,大声回击道。

"奇奇,我们走。"小黑过来拉着奇奇,两个小伙伴转身就要走。

"往哪走!"海豹老二一声大喝,像个幽灵一般出现在奇奇和小黑的面前,拦住了他俩的去路。

"哼哼——现在想走,晚啦。"海豹老大把宽大的前肢抱在胸前,一脸得意地朝他俩奸笑着。

"凭什么,我们和你俩又不熟。"小黑不服气地一挺胸脯。

"哼哼,凭什么,就凭我们哥俩给你们带了半天的路,你们就得听我们的。"老二蛮横地说道。

"我们要是不听呢?"奇奇很生气,他最痛恨别人威胁他了。

"不听?"海豹兄弟同时上前一步,把奇奇和小黑夹在中间,嘴角的长胡须几乎都触碰到了他俩的脑袋,凶狠的眼神似乎要把他俩杀死。

"奇奇,要不我们就继续跟他俩走吧,反正我们也不吃亏。"面对气势汹汹的海豹兄弟,觉得实力悬殊的小黑很聪明地采取了好汉不吃眼前亏的策略,说话的同时怕奇奇不明白,还偷偷朝他挤了挤眼睛。

对于小黑的忽然变卦,奇奇开始不由一愣,不过看好朋友在一个劲朝他眨眼,聪慧的他立刻反应过来了,"哦——啊——是啊,我们又不吃亏,有人给带路,我们还省事了呢。"奇奇也装作一副刚想明白、还占了便宜的样子。

"嗯,这就对了,听话多好,这样也省得咱们兄弟动手,免得大家伤了和气。"海豹老大皮笑肉不笑地说道。

"大哥,还算他俩识相。"老二一副趾高气扬的架势。

看着海豹兄弟俩的得意劲,奇奇气坏了,他在心里骂道,两个坏蛋,暂且让你们得意一会,等找到翔龙,看我们怎么收拾你们。

事已至此,奇奇和小黑只好跟着海豹兄弟往前走,他们说去哪他俩就跟到哪,显得特别配合。虽然表面上装得很乖,但是奇奇和小黑的四只眼睛一直灵动地转来转去,不断朝周围扫视着,想寻找到合适的机会,然后借机逃走。

不过海豹兄弟也不是傻瓜,他们早有防备,只见他俩一前一后,把奇奇和小黑夹在中间,要想逃走,还真不是一件容易的事。

"奇奇,别着急,总会有机会的。"小黑怕奇奇泄气,低声安慰他。

"没事,我知道。"奇奇懂事地点了点头——为了找到翔龙,什么困难他都能克服。

"不许交头接耳,不许说话。"他俩的窃窃私语被断后的海豹老二看在眼里,这家伙心里有些发毛,不知道这两个小子又在商议什么主意对付他们兄弟俩,他赶紧扯着脖子鬼叫道。

"说话怎么啦,又不犯法,谁规定走路不能说话的。"小黑不想表现得太软弱,不服气地回嘴道。

"对,我们有说话的自由。"奇奇也帮腔。

"自由?真是好笑,在我们兄弟面前没有自由,我说不能说话就不能说话。"海豹老二很霸道地嚷嚷道,因叫喊涨红的脸蛋又快要抵到小黑的鼻子尖了。

"好吧,不说话就不说话,谁也不会把我们当哑巴。"小黑低声嘀咕着,面对蛮横的海豹老二,他只好暂时服软了。

在奇奇、小黑和海豹兄弟斗智斗勇的时候,企鹅滩

上又是另外一番景象,只见一大群企鹅围在一起,似乎是在热烈地议论着什么。

"族长,我的一个兄弟已经失踪好几天了,我的家人们都非常担心,认为他很可能是遇到了鲨鱼,已经遇害了。"一个年轻的企鹅女士忧心忡忡地说道。

被她称为族长的一个身强体壮的中年雄性企鹅也叹了一口气,"我的儿子小黑也离家出走了,到现在还没有回来,真让人担心啊。"原来族长就是小黑的爸爸。

"族长,我们必须要有所行动了,出去把他们找回来。"一个年轻气盛的企鹅小伙子嗓门洪亮地说道。

"你们大家的意见呢?"小黑的爸爸环视着众人,询问大家的意见——虽然身为族长,但是他向来处理事情都非常民主、公正,不会搞独断专行的一言堂。

"我们同意。"一个企鹅老爷爷说道。

"我也同意。"一个企鹅大妈也点头道。

其他人纷纷表示了赞同,这件事就这么确定了下来。

"你们谁跟我一起去?"身为族长,任何危险的事情都必须身先士卒。

"族长,我去。"第一个报名的是一个脸蛋胖乎乎浑身充满了活力的企鹅小伙子,他是小黑的表哥肥

仔，寻找失踪的表弟自然责无旁贷。

"我报名。"

"我也去。"

……

有肥仔带头，一下子站出来好几位年轻力壮的企鹅小伙子，很快他们就组成了一支精练的搜寻特别小队。

"你们都很优秀很勇敢。"身为族长，小黑爸爸对企鹅滩的下一代充满了信心，觉得有了这些热情又善良的小伙子，企鹅滩的明天一定更加美好。

接下来他们又仔细讨论了一下如何展开搜寻活动。

"我们先要确定搜寻的方向，这个很重要。"一个搜寻小组的队员说道。

确实，在苍茫无边的大海上，如果像没头苍蝇似的东一头西一头瞎撞，最后只能是劳而无功，搜寻失败简直就是必然的。

"你能提供一些搜寻的线索吗？"聪明的肥仔向那个弟弟失踪了的企鹅女士发问道。

"我不知道，他只是说出去散散心，然后就再也没有回来——以前他也经常这样出去玩，但是每次在天黑前就回来了。"那位女士认真地想了一下说道。

这样的回答对于搜寻来说几乎没有一点用，一时间大家都沉默了。

"让我来好好想想。"一片沉默中,小黑爸爸忽然想起了什么。

"族长,你想到了什么?"肥仔心急地追问舅舅。

"我想起小黑离家出走前,一直缠着我打听好望角的事,说要去那里探险,我吓唬他那里有可怕的杀人浪,不让他去,还说不听话就要关他禁闭,结果他生气了,然后就不见了。咳,我应该慢慢和他说,态度好点儿的。"小黑爸爸有些后悔地说道。

"这么说,表弟很可能是去好望角啰?"肥仔眨着亮晶晶的大眼睛分析道。

"我觉得差不多。"小黑爸爸点头道。

"那我们就去好望角周围海域搜寻,先找到表弟,然后再在附近寻找其他失踪的同伴。"头脑灵活的肥仔建议道。

"这是个好主意。"

"我觉得行。"

……

肥仔的建议很有道理,得到了搜寻小组其他同伴的赞同,他们七嘴八舌地表态支持。

"好,就这么办,事不宜迟,我们立刻出发。"做事雷厉风行的小黑爸爸发出了行动开始的指令。

在小黑爸爸的带领下,搜寻小组的年轻企鹅们好像入水的蛟龙一般，他们劈开波浪，沿着福尔斯湾的海岸线，向着好望角的方向游去。

"族长，前方海面上漂浮着一块东西，好像是一块木板。"游着游着，在前边担任警戒探路职责的一位小组成员回来报告道。

"我们过去看看。"小黑爸爸说完，带头朝木板游去。

这块木板就是小黑遇到奇奇和翔龙时，短暂休息的那块木板，木板随着洋流，一直沿着海岸线向企鹅滩的方向漂去，正好被搜寻小组碰到。

"舅舅，表弟好像在这块木板上停留过。"肥仔的嗅觉很灵敏，他一个矫健的跳跃动作，轻松地跳上了木板，在木板上一阵仔细的嗅闻后惊喜地叫道。

"我来看看。"小黑爸爸说着，也绕着木板嗅闻了一遍，一股熟悉的体味伴随着咖喱味的海风，似有若无地飘入了他的鼻腔，这正是儿子小黑的味道。

"看来他果然独自去好望角探险了。"看着木板漂移的路线，小黑爸爸眺望着好望角的方向一脸严肃地说道。

"这证明了我们的搜寻方向是正确的。"肥仔有些得意地接话道，因为现在的搜寻计划是他提出的啊。

好望角杀人浪

小黑爸爸没有从木板上嗅闻到其他异常的气味,这至少证明儿子在这里停留的时候还是很安全的,这让他放心了一些——因为奇奇和翔龙并没有触碰木板,所以他们也没有留下任何体味。

他们继续全速朝前游去,游了大约几海里的样子,前方的海面上忽然出现了一个巨大的身影,只见他不时跃出水面,扇动巨大的胸鳍,像一只鸟儿在空中短暂翱翔,然后再跌入水中,发出巨大的声响,同时溅起不小的水花。

"一条魔鬼鱼在戏水呢。"见多识广的小黑爸爸说道。

他们看见魔鬼鱼的同时,高高跃起在空中的魔鬼鱼也看见了他们,"哈——又遇到企鹅了,这回还是一群,真是让人开心。"他快乐地叫道。

原来这就是奇奇、小黑他们问路的那条魔鬼鱼,不得不说,有时候这个世界真是太小了。

小黑爸爸经验丰富,他一听魔鬼鱼的话里有话,就知道这里面一定有事。

"魔鬼鱼先生,请停一下,和你打听点事。"小黑爸爸立刻朝魔鬼鱼游去,他手下的搜寻队员们紧紧跟在后边。

"小企鹅们,你们想问什么事?"魔鬼鱼的体形比

企鹅大了许多倍,所以小黑爸爸虽然是只成年企鹅,而且贵为企鹅滩企鹅家族的族长,可是在他的嘴里依然是只小企鹅。

"我想问你有没有看见过一只小企鹅,皮肤黑黑的,他是我的儿子。"小黑爸爸并不计较魔鬼鱼的用词,他很有礼貌地问道。

"一只皮肤黑黑的小企鹅?嗯,你算问对人了,我不仅见过,还看见他和一只小海龟,外加一条小怪鱼在一起呢,关系好像很好的样子。"魔鬼鱼很喜欢聊天,立刻把他看见的说了出来。

怎么还有一只小海龟,外加一条小怪鱼,小黑爸爸看了一眼身边的外甥肥仔和其他的搜寻队员,大家都一脸的困惑和惊讶。

好在这两位都不会对小黑的安全造成威胁,小黑爸爸总算是松了一口气。

"那么你知道他们去哪了吗?"小黑爸爸追问道。

"自然知道啦,他们跟我一个劲地打听好望角和杀人浪的事,自然是去那里了。"魔鬼鱼很干脆地答道。

终于得到了准确的消息,小黑爸爸感谢了魔鬼鱼,带着手下的搜寻队员,箭一般地朝好望角的方向游去。

企鹅滩

企鹅滩位于西蒙斯敦镇附近,据南非开普敦大概有20千米。提及企鹅,人们首先会想到冰天雪地的南极,想不到非洲大陆也会有企鹅,南非不但有企鹅,而且数量还不少。南非的企鹅分两种:身材较大的爵士企鹅和体格较小的神仙企鹅。企鹅滩的企鹅属于神仙企鹅,这种个头只有20~30厘米的小企鹅是非洲独有的珍稀品种。目前企鹅滩已经成为开普半岛南非国家公园的一部分,公园为了保护企鹅,颁发了一系列细则。由于企鹅滩附近丰富的海产品——沙丁鱼和凤尾鱼给企鹅提供了充足的营养,再加上当地政府和动物保护组织的大力保护,使南非企鹅的数量大量增加,长约2千米的企鹅滩,目前栖息着数千只南非小企鹅。

海狗和海豹的区别？

在海洋馆里，海豹和海狗都是很常见的海洋动物，而且很讨人喜欢，但是经常有人分不清它俩谁是谁，下面我们就来简单介绍一下这两种可爱的海洋哺乳动物。

海豹，是一个大家族，它们实际是水生、食肉、有网状鳍肢、流线型体形的哺乳动物的统称。分无耳海豹和有耳海豹。无耳(真正无耳或覆毛耳)海豹(海豹科，18个品种)无外耳，在水中它们靠划动后肢游水，用前肢控制方向，在陆地上，它们靠腹部扭动，或用前肢拉行。具体无耳品种包括象海豹、斑海豹、竖琴海豹和豹形海豹。有耳海豹(海狗科，5种海狮和9种海狗)有外耳和更长的鳍肢，在水中靠前阔鳍推进游水，在陆地上，它们四肢着地在地面四处移动。

海狗是海狗科9种有耳海豹的统称。其毛皮珍贵，尤以栗色绒毛为多。喜欢群居，以鱼及海洋动物为食。一度几乎被捕猎殆尽，大多种类如今受到法律保护。

看了这个解释大家可能更糊涂了，实际这都是因为它们在生物分类学上属于一个统一的目——鳍足亚目。鳍足意为长着像鳍一样的脚，这一类动物的身体成纺锤形，四肢为鳍状，高度适应水中的生活。

想要搞清海洋馆里它俩到底谁是谁，我们可以通过以下的小秘诀来区分：

1、海狗靠鳍状后肢能够在陆地上行走，海豹退化得太厉害，在陆地上已经不会走了，只能像虫子一样蠕动着前进。

2、海狗有小耳朵，海豹没有耳朵。

3、海狗头比较圆，而且难驯，不太与人亲近，海豹则不然，很喜欢亲近人类。

掌握了以上几个要点，下次去海洋馆，应该就不会搞混这两种动物了。

十一、恶人的帮凶

在小黑爸爸带着企鹅们努力寻找小黑的时候，小黑和奇奇的大脑也在紧张地思考着，眼睛像两对探照灯似的不停朝周围偷瞄，寻找一切可能的逃走机会。

"老实点，不准东张西望。"可是海豹兄弟也很警觉，他们不断威胁奇奇和小黑，同时加强了看守。

虽然一直没有找到逃走的机会，不过奇奇和小黑不气馁，他俩坚信，只要不放弃，就一定会有机会的。

还别说，在进入一个新海湾的时候，机会终于出现了，只见一个大浪忽然迎面袭来，顿时把他们几个淹没在了浪花里，一时间谁也看不见谁了。

不过好在奇奇和小黑一直都紧紧依偎在一起，面对着这个千载难逢的机会，小黑大喊道："奇奇，快跑。"喊叫的同时，他拉着奇奇，两个人像闪电一般，顶着一片白蒙蒙的气泡，飞快地向大海深处游去了。

"大哥，不好啦，小企鹅和小怪鱼逃走啦。"海豹老二最先摆脱了无数气泡的纠缠，一看眼前小黑和奇奇的身影不见了，立刻扯着破锣嗓子叫道。

海上丝绸之路大冒险

"别管什么小怪鱼了,他逃就逃了,最重要的是一定要把小企鹅抓住,不能让他跑了。"海豹老大也终于从大浪里面露出头来,和兄弟恶狠狠地说道。

在海豹兄弟说话的时候,小黑和奇奇没命地朝前游着,现在离海豹兄弟越远,他俩就越安全。

虽然奇奇和小黑抢了先机,可是海豹弟兄也很厉害,他们不仅速度非常快,而且气力很足,在冲刺了一段距离后,小黑和奇奇毕竟还没有成年,年纪都小,速度渐渐慢了下来,而再看海豹弟兄,他俩后程耐力足的优势开始发挥作用,像两颗发射的鱼雷一般,在水中越游越快,和前边奇奇和小黑的距离越缩越短。

"奇奇,不好,两个坏蛋快要追上来了。"小黑匆忙

回头看了一眼,立刻有些惊慌地叫道。

"别慌,我们一定要坚持住。"虽然奇奇嘴上安慰伙伴,可是他的心里也有点发慌,况且怎么坚持啊,现在他全身酸得好像泡在一坛四川老酸菜水里。

又经过一段距离的拉锯战,终于年幼气短的小黑和奇奇还是被身强体壮的海豹兄弟追上了,一前一后拦住了去路,这下弟兄俩的气焰更加嚣张了。

"哼哼,两个不知死活的小家伙,落到我们兄弟手里还想逃,真是不自量力,这下看你们往哪里跑。"

海豹老大得意洋洋地撇着嘴说道。

"再不乖乖听我们的话,有你们的好看。"老二也逼近恐吓道。

虽然奇奇和小黑心里都不服气,可是面对一对成年的海豹,他俩实在不是对手,想不认输也不行。

"你们到底想带我们去哪?"奇奇大声质问道,现在他已经断定,海豹兄弟根本不会带着他和小黑去找翔龙,很可能他俩根本就没有见过翔龙,说的话都是骗他们的。

"去一个你们没有去过的地方,好玩又有趣,嘿嘿。"海豹老大一脸高深莫测的笑容。

"你们为什么骗我们,你们根本就没有见过翔龙。"

小黑也气愤地大声质问道。

"嘿嘿,我们承认,确实没有见过那只小海龟,不过不这么说,你们怎么会乖乖跟我们走呢。"海豹老二一脸得意的奸笑。

终于得到了确认,奇奇和小黑的鼻子差点都气歪了,可是又无可奈何——谁让他俩这么轻信别人呢,现在落入了海豹兄弟的手里,后悔也晚啦。

"奇奇,现在该怎么办?"面对不利的局势,小黑小声和奇奇商议道。

"就跟他们走,看看他俩到底想干什么。"事已至此,反倒激起了奇奇强烈的好奇心,想搞清这兄弟俩鬼鬼祟祟地在捣什么鬼。

"他俩不会想吃了我们吧?"小黑有些害怕地说道——他听爸爸说过,有些坏海豹,也是会吃小企鹅的。

"不会,他俩要是想吃我们,早就吃了。"奇奇很肯定地说道。

小黑一想也是,要是海豹兄弟的目的是吃了自己和奇奇,根本没有必要费这么多心思和力气,捉住他俩直接吃掉就行了。

"别磨蹭了,快走。"在奇奇和小黑悄声商议的时候,海豹老二不耐烦地催促道。

　　这次奇奇和小黑没有那么抗拒,因为他俩想揭开海豹兄弟俩的秘密,所以显得特别顺从和配合,连眼睛都不再东张西望了,一副老老实实的模样。

　　"哎,这就对了,早这么听话多好,省得咱们兄弟费事。"断后的海豹老二满意地说道。

　　小黑回头瞥了他一眼,心说,就让你们两个坏蛋得意一会,有你们哭鼻子的时候。

　　这次没有走太远,当前方的海面上出现一艘小型渔船时,领头的海豹老大高兴地叫了起来:"兄弟,我们到了。"

　　"是啊,大哥,这次主人一定满意,我们又有美味的奖赏了。"海豹老二也很激动,游到大哥身边压低声音说道,好像还偷偷咽了一口口水,正好被奇奇眼角的余光看见了。

　　主人?美味的奖赏?

　　兄弟俩的话好像暗语,让奇奇和小黑完全摸不着头脑,他俩互相看了一眼,用眼神提醒对方要当心,海豹兄弟的秘密很快就要被揭晓了。

　　"我们到船那儿去吧,那里有许多好吃的呢,走了这么远的路,你俩一定饿坏了。"忽然之间海豹兄弟就变了一副嘴脸,海豹老大说话的时候满脸笑容,又温柔又体贴,让人不由想起了狼外婆。

"对呀对呀,小企鹅,美味的凤尾鱼让人想起来都要流口水呢。"老二帮腔道,还装模作样地一个劲咽口水。

海豹兄弟这招食物诱惑很厉害,本来奇奇和小黑被杀人浪冲散后就一路逃命没顾上吃什么东西,再加上和海豹兄弟纠缠不休了这么久,早就饥肠辘辘,饿得前心贴后背了。

奇奇还好,因为他的食物主要是一些浮游生物和海洋植物,可是小黑就不行了,他一听到凤尾鱼,眼睛立刻就瞪得溜圆,因为凤尾鱼差不多是他最喜欢的美味了。

"奇奇,我们快点过去吧,那不过就是一艘没人的小船而已。"小黑盯着渔船看了一会,和奇奇商议道。

奇奇也在仔细观察远处的渔船,只见它孤零零地停泊在海面上,随着海浪有节奏地起伏着,除此以外,渔船上静悄悄的,看不到有人活动的迹象。

虽然小黑一直催促,但是奇奇还是比较谨慎,因为在南海、在越南的占城港,他和翔龙都吃过渔船的亏,而翔龙更是差点被偷渔船上的坏人抓走,再也回不来了。

"快过去吧,你们看那里一个人都没有,很安全的。"海豹老大鼓动道。

"你们难道不饿吗,难道不想吃可口的美味吗?"老二也跟着怂恿。

"奇奇,我们就是过去看看,不会有事的。"他头也不回地说道。

在海豹兄弟俩的轮番轰炸下,小黑有点扛不住了,他径直朝渔船游了过去,连奇奇的连声叫喊也成了耳旁风。

"你看你的朋友都过去了,你也去吧。"海豹老二一脸奸笑地对奇奇说道。

奇奇没办法,只好跟了过去,因为他放心不下小黑,跟过去之前他恶狠狠地瞪了海豹老二一眼,心说你要是敢害我的好朋友,我和你没完。

"哼哼——"海豹老二一阵冷笑,根本没把奇奇的威胁当回事。

来到渔船前,他俩先绕着渔船查看了一圈,等来到船尾的时候,小黑忽然开心地叫了起来,"奇奇快看,鱼,许多凤尾鱼。"

只见在渔船的尾部,一块伸出来的宽大木板上,有一个金属网眼笼子,笼子不算很大,朝外的一面大开着,中间堆着一小堆凤尾鱼,看起来分量不少,也很新鲜。

一看到唾手可得的凤尾鱼,小黑就控制不住了,他摇摆着胖乎乎的身子，准备跳上木板，去吃金属笼子里的美味。

"小黑，当心。"奇奇赶紧拦住了他。

"怎么了，奇奇？"小黑一脸不解地问道。

"你没看见那些鱼在笼子里吗？"奇奇尽量压低声音说道，他怕身后的海豹弟兄听见。

"笼子怎么了，旁边什么都没有啊。"小黑转头又看了一眼金属笼，木板上除了一个金属笼孤零零放在那儿，其他什么可疑的东西都没有。

奇奇一时语塞，不知道该怎么和小黑解释——实际这种情况他也是第一次遇到，虽然他什么疑点也没有看出来，可是本能告诉他，这里面一定有问题。

唉，要是翔龙在这儿就好了，经验丰富的他一定能看出有什么问题，奇奇无声地叹了一口气，心里暗想道。

想到翔龙，奇奇心里忽然一阵难过，到现在还不知道他的下落，也不知道好朋友到底怎么样了，有没有逃过昨天那场可怕的杀人浪袭击呢？

"小企鹅老弟，看，美味的凤尾鱼就在那儿，快过去吃吧，一会大太阳晒干了就不新鲜了。"趁着奇奇想心事发愣的空当儿，鬼心眼多的海豹老二对心痒难耐的小黑展开了美味攻势，还亲热地称兄道弟起来。

小黑明显被说动了,他下意识地看了一眼奇奇,见奇奇正严肃地瞪着他,吓得他赶紧又把迈出去的一只脚收了回来。

"嘿嘿,奇奇,我就吃一条,就一条小鱼好吧。"他可怜兮兮地向奇奇恳求道。

"不行。"奇奇话说得斩钉截铁,一点商量的余地都没有。

"小怪鱼,别多管闲事。"海豹老大按捺不住了,他一下子蹿到奇奇面前,恶狠狠地瞪着他,那模样恨不得一口把奇奇吞了。

现在他可真是有点后悔了,本来是怕小企鹅不愿跟着他们兄弟走,所以才有意让小怪鱼一道的,眼看计划成功在望了,没想到他现在反倒成了最大的阻碍。

"不许对我的好朋友这么凶。"小黑见奇奇被欺负,看不下去了,冲了过来拦在奇奇面前——现在他也看出点苗头了,海豹弟兄的目标是自己,似乎在打自己的什么鬼主意,在自己没有落入他们的圈套之前,他们一定会对自己客客气气的,这点小黑很明白。

果然,小黑一出面,海豹老大立刻退却了,而且立马换上了一副和蔼可亲的面孔。

"嘿嘿,你误会了,我只是在和你的朋友闹着玩而已。"他讪笑着说道。

接下来,海豹兄弟围着小黑继续花言巧语,鼓动他去吃笼子里的凤尾鱼,这反倒让小黑警惕起来,怎么也不愿去了,双方一时僵持住了。

就在这时,迎面忽然一个很大的浪头打来,船头被高高地抛到了空中,船尾顺势下沉,原本看不见的船舱完全暴露在了奇奇和小黑的视线里。

虽然只是短短的一瞬,眼尖的奇奇和小黑几乎同时看见甲板上一个同样大小的金属笼子一路翻滚,滚到了船尾,底座的空隙正好卡在船舷上,阻止了它继续翻落到大海里,不过随着渔船在海浪里的颠簸,笼子左右摇晃摇摇欲坠,十分惊险。

不过让小黑和奇奇更吃惊的是,笼子里竟然有一只企鹅,正在海浪的颠簸里拼命地保持着平衡。

小黑看见笼中企鹅的时候,对方也看见了他,"小黑,快跑,这是个陷阱。"他大声叫道。

"你怎么在笼子里啊?你失踪了好几天,大家还以为你一定是在海中遇到鲨鱼,遇难了呢。"小黑吃惊地问道。

笼中的企鹅是企鹅滩上小黑认识的一个邻居,就是那位企鹅女士的兄弟,他失踪了好几天,大家都以为他已经遇害了,没想到会被关在一艘渔船的金属笼子里。

"就是他们骗了我,海豹兄弟是大骗子、大坏蛋,他们花言巧语骗我吃笼子里的凤尾鱼,然后我就被关在里面了——小黑,那个笼子是个陷阱,你可千万不要进去啊。"笼中企鹅怕小黑听不清,全力喊道,实际他们之间只是隔着几米的距离。

听了同伴的话,小黑被吓出了一身冷汗,他先是感激地看了一眼奇奇,要不是他一再阻拦,此刻自己只怕也落得个笼中同伴一样的下场了。转脸他就用冒着火的眼睛怒视着海豹弟兄,那模样恨不得扑上去咬他们几口才解恨。

"你们这两个骗子、坏蛋。"他气冲冲地骂道。

见被揭穿了,海豹弟兄反倒放轻松了,只见海豹老大嬉皮笑脸一脸无所谓地说道:"小企鹅、小怪鱼,既然咱们兄弟的秘密被你们知道了,我干脆就全都告诉你们——没错,这是个陷阱,我们哥俩替我们的主人做事,只要抓住小企鹅,我们就可以得到许多奖励,事情就这么简单。"

海豹老大说话的时候,老二一脸无耻地笑着,气得奇奇恨不得上去朝他肉乎乎的肚子狠狠顶去,让他在海里狠狠地翻几个跟头才解气。

"小黑,跟你的朋友快跑,要不然就来不及了。"见小黑还在跟海豹兄弟说话,知道内情的笼中同伴急得大声提醒道。

可是已经来不及了，只见甲板上一个高大的身影一闪，一个白人中年壮汉出现在船尾，他先是伸手把卡在船尾的笼子放回到船舱里，然后看着海里的小黑，向海豹兄弟发出了指令，"两个笨蛋，快把小企鹅给我抓住，你们还想不想要奖赏了。"他满眼贪婪地说道。

海豹岛

海豹岛位于南非的豪特湾，距离开普敦大约半小时车程。这是一个群山环抱中的海湾，里面有一个小岛——德克岛，也就是俗称的海豹岛。海豹岛位于豪特湾的西北方，说是岛，其实就是几块凸起的礁石，面积只有几千平方米，岛上没有树木、没有花草，只有光秃秃的石头，但是这些石头却成为了成千上万只海豹的乐园，它们密密麻麻地聚集在石头上，在太阳的照射下懒洋洋地晒着日光浴。德克岛上的海豹是开普软毛海豹，是南部非洲的本土品种，繁殖于南非以及纳米比亚的海岸线上。

密斑刺鲀"刺猬服"的作用？

密斑刺鲀是一种模样看起来很可爱的海洋鱼类，分布在世界各地的亚热带海域，不过你可不要被它可爱、色彩艳丽的外表所欺骗，它们不仅很危险，而且有毒，一般的海洋捕食者还真是对付不了小小的它们呢。

密斑刺鲀具体为辐鳍鱼纲，鲀形目，二齿鲀科的一种海洋鱼类，它们体短宽，口小，口内上下颌各具一枚发达的齿板。除唇及尾柄外均密布由鳞片特化的强棘，棘刺短小锋利。身上密布小黑点，各鳍短而圆，也具小黑点。

密斑刺鲀最显眼的就是它那一身的棘刺了，很像一只刺猬披着一副刺盔甲，那么这种海洋鱼类穿着这么一身"刺猬服"有什么作用呢？

你可别小看它，它们这身刺猬服不仅有作用，而且作用很大呢。许多时候，这可以成为它们保全自己生命的最后一道防线。原来在受到捕食者攻击的时候，密斑刺鲀就会以最快的速度吸入海水使身体鼓胀成圆

球状，并竖起棘刺使敌人无法张口，这样它们就避免了被吞食的命运。

虽然这招防身术很高明，效果也非常好，可惜往往也会带来一些意想不到的后果，比如如果碰到一位饥不择食的家伙，一口把它吞进嘴里，而又被密斑刺鲀的尖刺卡住吐不出来的话，后果就可能是双方同归于尽，双双毙命了。在马达加斯加的海滩上，就曾经发生过一次这样的事，一只凶猛的大海蛇一口吞进了一条密斑刺鲀的一大半身体，结果头部被对手的棘刺刺成了马蜂窝，结局不仅是贪心的大海蛇毙命，连无法挣脱的密斑刺鲀也冤死在自己的厉害武器之下。

十二、喜乐海豹岛

那么这一切到底是怎么回事呢？

原来渔船的主人是个专门偷猎企鹅的动物贩子，他把捉到的企鹅卖给国际走私集团，走私集团再将他们贩卖给世界各地的非法私人海洋馆。

这几年，南非政府对企鹅滩的企鹅保护得越来越严格，感到直接捕捉企鹅风险太大的动物贩子想了一个狡诈的主意——他精心挑选和训练了贪嘴好吃的海豹兄弟，让他俩为自己诱捕离群的企鹅，作为奖赏，每抓到一只企鹅，海豹兄弟都可以得到丰厚的馈赠——各种美味的罐头。

这种罐头的味道很特别，海豹兄弟已经上瘾了，欲罢不能，因此兄弟俩心甘情愿地为他们所谓的主人——动物贩子卖命。

所以一开始，海豹兄弟就没打算吃了小黑，他们只是在执行自己隐秘的任务，把小黑诱骗到渔船尾部的金属笼陷阱里而已。

这一切背后的秘密当然没人告诉小黑和奇奇，随着动物贩子的一声令下，本来还在当看客的海豹兄弟

像饿狼一样朝奇奇和小黑扑来。

"奇奇,快跑。"看着同伴无助的身影消失在船舷之后,小黑终于都明白了。看着猛扑过来的海豹兄弟,他冲着奇奇大喊了一声,掉头就朝远处跑去。

不用小黑提醒,机灵的奇奇早就有准备了,一见海豹兄弟扑过来了,他三十六计走为上,立刻开溜,箭一般朝前方游去。虽然是逃跑,奇奇还多了一个心眼,他有意和小黑逃跑的线路岔开一个角度,这样虽然差不多是一个方向,但却是分开的两条线路。

奇奇这个突然爆发的灵感果然给海豹兄弟造成了困扰,没追几步,海豹兄弟就乱了,"哥哥,小企鹅朝这边跑了,快到这边追""弟弟,小怪鱼在这边,快来这边"……一时兄弟俩大呼小叫,乱成了一团。

动物贩子也没有闲着,他驾着渔船在后边追赶,一看海豹兄弟争执不下的蠢样,他气不打一处来,恼怒地斥责道:"两个饭桶、笨蛋,快给我追上小企鹅,别再去管那条什么鱼了。"

在动物贩子的眼里,奇奇根本不值钱,是死是活他根本不关心。

在动物贩子暴跳如雷的呵斥声中,海豹兄弟终于统一了行动,他俩像两股黑风一般,迅疾地刮过海面,向着小黑的背影追去。

奇奇一看不好,他果断地掉头游了回来,朝海豹弟兄的背影追去,按照奇奇的想法,就算无法阻止动物贩子和他的两个帮凶海豹兄弟,也要尽量给他们制造麻烦,找机会骚扰他们,给小黑制造逃脱的机会。

"可恶的小怪鱼。"动物贩子知道奇奇的用意,他驾船猛地朝奇奇撞了过来,想把奇奇撞死。

在水里奇奇就是一条蛟龙,当然不会让恶人的渔船撞到,只见他一会潜入深水,一会又出现在海豹兄弟的周围,一边骚扰他们,一边叫道"你们两个笨蛋,快来追我呀",那淘气的模样可气极了。

"不要上当,快给我追小企鹅。"老奸巨猾的动物贩子怕海豹兄弟分心,及时提醒道。

海豹兄弟确实有些分神,他俩一边游一边斜眼看在他俩周围蹦跶挑衅的奇奇,牙根气得发痒,海豹老二正要发作去追奇奇,听了主人的提醒,又赶紧一门心思地追赶前边的小黑。

小黑这会儿游得非常快,现在是玩命时刻,要是被后边的恶人抓住了,自己的命运就和笼子里的同伴一样,可能永远都见不到自己的家人了。

对于奇奇不顾自己安危的仗义帮助,小黑也非常感动,"谢谢你奇奇,你是我真正的朋友。"他在心里默念道。

虽然小黑拼尽了全力,可是他毕竟年小力弱,再加上没有好好地休息,跑了一阵之后,只见他的速度越来越慢,和海豹兄弟、渔船之间的距离越来越短,眼看之前逃跑被追上的悲剧就要再次上演了。

"小黑,加油啊。"眼见情况紧急,奇奇在后边急得大喊起来。

小黑知道自己要加油,可是他的两只翅膀越来越沉重,两条腿也越来越酸麻,几乎快要抬不起来了,"奇奇,我就快要永远和你分别了。"他心中悲伤地想。

如果只是动物贩子的渔船,小黑还可以凭借潜水的本领从水下逃走,可是现在多了海豹兄弟两个死心塌地的帮凶,不管小黑潜到哪里,他俩都会齐心协力地把他赶到水面上,暴露在动物贩子贪婪的视线之下。在渔船的船头部分,有一张张开大嘴的捕捞网,只要小黑被围困住,捕捞网就会无情地当头落下,把小黑罩个严严实实。

就在这危急万分的时候,前方平静的海面上忽然出现了一大群黑色的身影,只见他们不断在水面上浮沉,快速地向奇奇他们这边移动。

"小黑,快朝那边跑。"奇奇虽然没有看清一大群黑影是什么,不过这毕竟是一个机会,只要不是勇猛的捕食者,小黑就有机会逃走,甚至还有可能得到帮助。

小黑也看见了,慌不择路的他来不及多想,使出了全身最后的力气,箭一般地迎着黑影群游了过去。

"咦,那是什么？"动物贩子也发现了远处海面上的异常,居高临下的他视野比较开阔,眯着眼一番仔细观察后,他很淡漠地说了一句,"哦,原来是一大群海豹啊。"

海豹！一大群海豹！

还在渔船周围努力干扰的奇奇听了只觉得脑子"嗡"地一声一阵发蒙：坏了,如果来的真是一大群海豹的话,那不是和海豹兄弟是一伙的吗,自己让小黑朝那边游不是害了他吗。

心里着急的奇奇正想张嘴把小黑叫回来,可是已经有些来不及了,只见海豹群的速度也非常快,已经快要和小黑迎面相遇了。

"小黑,是你吗？"一片令人窒息的紧张中,海豹群中忽然响起一声非常熟悉的喊声。

奇奇离得有些远,没有看见是谁喊得,不过这声音他实在太熟悉了,简直像熟悉自己的身体一样。

"是翔龙,翔龙还活着。"他激动地叫了起来。

小黑的话印证了奇奇的判断,"翔龙,你还活着呀,我是小黑啊,快救救我。"前边传来小黑兴奋又喜

出望外的叫声。

真的是翔龙,翔龙不仅成功逃过了杀人浪的袭击,而且还好好的,瞬间奇奇只觉得眼前一片模糊,他不再去管什么渔船和海豹兄弟,箭一般地朝前方的海豹群游去。

"翔龙,是我,我是奇奇,我也和小黑在一起。"一边游,奇奇一边开心地大叫。

"奇奇——"海豹群中一个异常亲切的声音响起,紧接着一个熟悉的身影快速向奇奇游来。

近些了,又近些了,终于两个短暂失散的亲密朋友又相逢在了一起,他俩快乐地在清澈的海水中跳着笑

着，快乐的笑声让喋喋不休的海浪声也暂时知趣地闭上了嘴，开心的笑声撒满了整个海面。

"翔龙，你这段时间去哪里了啊，怎么会和海豹群在一起呢？"短暂的激动过后，奇奇的疑问好像连珠炮，他看了一眼翔龙身后不远黑压压的海豹群问道。

"是他们救了我。"翔龙回身看了一眼海豹群，一脸感激地说道，在这很短的时间里，小黑已经穿过海豹群，躲到了他们的身后。

"是海豹们救了你？"奇奇一脸的惊讶，他下意识地看了一眼不远处回到了渔船附近的海豹兄弟，觉得是不是自己听错了。

"是的，奇奇。"翔龙认真地点了点头。

接下来他简短地讲述了失散的经历，原来他被杀人浪冲走后，被卷向了一个和奇奇、小黑完全不同的方向，而且更糟糕的是，在漂游过一片海域的时候，他不幸被几根长长的水草缠住了，缠得死死的，不管翔龙怎么使劲挣扎，都无法挣脱。在这危急关头，几只路过的海豹救了他，他们咬断了缠住翔龙的水草，并把他带回了海豹岛——海豹们的居住地。

"没有他们的及时援救，我就会被困死在海里，再也见不到你了。"最后翔龙心有余悸地说道。

奇奇听了也很后怕，他不由又看了一眼不远处的

海豹群,眼里充满了感激。

"你们是怎么回事,怎么会有两只海豹在追你们,还有一条渔船?"翔龙看了一眼奇奇这边奇怪的队伍组合,满脸不解的问道。

"那一对海豹兄弟和救你的海豹们可不是一路的,他俩是不折不扣的坏蛋,恶人的帮凶。"奇奇一脸气愤地说道。

"怎么回事?"翔龙不由得又瞄了一眼海豹兄弟,一脸的诧异。

奇奇简单讲述了事情的经过,翔龙一脸的愤怒,"这两个坏蛋,我一定让海豹岛岛主好好教训教训他俩。"他生气地说道。

"你还认识海豹岛岛主呀,看来他们对你真的很好。"奇奇又羡慕又开心地说道。

"那是,我可是人见人爱花见花开最讨人喜欢的美男小海龟啊。"翔龙一脸得意地说道。

他们这边旁若无人、叽叽喳喳说起来,没完没了,那边可就不是这么和谐的画面了,只见动物贩子一个劲催促海豹兄弟,到海豹群里去把小黑赶出来,可是海豹弟兄磨磨蹭蹭的,始终不愿上前,而且还偷偷地往后退。

"你们两个笨蛋,难道不想要奖品了吗?"他火冒三丈地斥责道，同时有些想不明白，不知道平时非常听话的海豹兄弟，今天怎么如此反常。

这个贪心的家伙当然想不明白，实际海豹兄弟看见海豹群同伴的时候，就想偷偷溜走了——他俩怕自己干的坏事被同伴知道，再告诉公正严厉的海豹岛岛主，那就糟糕了。

可是最后还是被他的同伴们知道了，当小黑躲在海豹群里把他的遭遇一说，所有的海豹都对海豹兄弟怒目而视，用极其鄙夷的眼神看着他俩，像看叛徒似的。

"大哥，我们回去会不会受到岛主的责罚呀？"海豹老二一脸惊慌地说道。

"兄弟，我们找个机会赶紧逃吧，不要再蹚这趟浑水了。"海豹老大也越想越怕，好像看见海豹岛岛主威严的目光正紧紧盯着他，不由得一滴冷汗顺着额头滴落下来。

就在这时，远处忽然传来一声响亮的汽笛声，紧接着一艘快艇飞快地向这边驶来。

"不好，海岸巡逻队来了，快跑。"刚才还很镇定的渔船主人一见快艇，立刻慌了阵脚，只见他一头冲进船舱，就想发动渔船逃走。

那么动物贩子为什么这么害怕海岸巡逻队呢？原

来海岸巡逻队不仅负责海域安全,还严厉打击偷渔等违法行为,更不要说动物贩子偷捕企鹅的行为了,一旦被抓住,等待他的将是严厉的法律制裁,这个家伙自然害怕了。

"不要让他跑了,我的一个同伴还在渔船上呢。"小黑看渔船要开走了,他一边高声叫道,一边朝渔船快速游了过去,想阻止渔船开走。

海豹们很给力,他们派了几个同伴把海豹兄弟看管起来,防止他俩趁混乱溜走,其他的海豹呼啦一下把渔船团团围住,帮助小黑阻拦渔船。

很快快艇就开了过来,动物贩子一下瘫坐在了船舱里,"完了,这下全完了。"他一脸懊恼地嘟囔道。

让小黑惊喜的是,紧随快艇而来的,竟然还有一群企鹅,正是他的爸爸和表哥肥仔等人。

"爸爸,你们怎么来了?"小黑兴奋地迎了上去,在爸爸身边又蹦又跳。

"还不是来找你这个不听话的小子。"小黑爸爸故意板着脸,不过看到儿子安然无恙,眼角眉梢的笑意挡都挡不住地荡漾开来。

那么小黑爸爸他们怎么会及时赶到呢?原来他们在得到魔鬼鱼的准确消息后,一路急追,赶上小黑他们的时候,正好看见动物贩子驾着渔船在后边紧追不

海上丝绸之路大冒险

舍的画面。小黑爸爸见动物贩子有海豹兄弟两个得力帮手,他盘算了一下双方的实力,觉得贸然上前,不仅救不了儿子,还可能把自己和率领的搜救小队都搭上。怎么办?急中生智的他想到了海岸巡逻队——这些海洋保卫者,于是他带领着搜救小队四下寻找海岸巡逻队,然后才出现了刚才的惊险一幕。

"爸爸,你可真了不起。"小黑亲昵地依偎在爸爸身边,一脸的崇拜。

这个时候海警们已经登上渔船,不仅把动物贩子铐了起来,还放出了那只被诱捕的企鹅——他幸运地又回到了同伴们的中间。

海岸巡逻队押着动物贩子的渔船开走了,小黑来到奇奇和翔龙的身边。

"朋友们,你们接下来准备去哪啊?"他有些不舍地问道。

"我准备和奇奇到海豹岛去参观一下。"翔龙一脸笑意地答道——要不是海豹朋友们的营救,他可能就见不到奇奇了。

"那我就先告辞了,欢迎你们来企鹅滩玩。"小黑的爸爸要带着大家回去了,小黑不得不一道跟着。

"小黑,我们是真正的朋友,有机会我们一定会去看你的。"奇奇真诚地说道,一路上并肩作战的经历,早已让他俩的友谊牢不可摧。

在令人有些伤感的依依不舍中,小黑和爸爸渐行渐远,终于消失在苍茫大海的尽头,一直到看不见了,翔龙和奇奇还在原地并肩眺望呢。

在海豹岛,他俩受到了热烈的欢迎,海豹岛岛主——一只特别威猛高大的雄海豹——热情地招待了两位远道而来的贵客,还特地为他俩举办了一场别开生面的花式跳水表演,表演的队员都是年轻力壮的海豹小伙子。

当然,海豹兄弟也得到了应有的惩罚,他俩一把鼻涕一把泪地一个劲在岛主的面前哀求,最后公正无私

的海豹岛岛主还是下令关兄弟俩的禁闭,至少半年不准私自外出,如果触犯,将被永远赶出海豹岛。

这天上午阳光明媚,翔龙懒洋洋地躺在沙滩上晒太阳,奇奇在离他不远的浅水里休息。

"奇奇,这里怎么样啊?"太阳暖融融的,翔龙快要睡着了,他很舒服地小声问道。

"真不错,不仅风景优美,这儿的海豹朋友们也很友善。"奇奇满意地说道。

"既然不错,我们就在这里多住几天,旅行了这么长时间,也需要好好度个假啦。"翔龙吹着凉爽的海风,很惬意地说道。

"行啊,不过之后你有什么打算呢?"奇奇随口问道。

"我们再回到好望角,仔细搜寻一下大英雄郑和船队的踪迹,其他的到时候再说吧。"翔龙微微抬起头,看着好望角的方向,陷入沉思。

奇奇也不再说话,他同样看着好望角的方向,那里,还有许多和大英雄郑和船队有关的未解之谜等着他俩去破解呢。

纳米比亚

纳米比亚共和国位于非洲西南部,和南非、安哥拉、赞比亚等国接壤。全国海拔高度为 1 000-2 000 米,干旱少雨,属亚热带、半沙漠性气候。该国分为 13 个行政区和 50 个地方政府,首都温得和克。纳米比亚之所以永载史册,是因为它是非洲大陆上最后一个独立的国家——1966 年联合国大会根据西南非洲人民的决定将西南非洲更名为纳米比亚,1978 年实现独立。纳米比亚的独立也标志着西方列强在非洲大陆殖民时代的正式终结。

郑和船队航海中是如何辨别方向的？

几百年前，航海科学技术远没有现在发达，那么在苍茫无边的大海上，郑和的庞大船队是如何确保了正确的航向呢？今天我们就来简单说说这个问题。当年，郑和的船队在航行中采用了多项当时世界最领先的技术，绝对可以称得上是一支最先进的船队，体现在综合应用了天文航海技术、地文航海技术和海洋地理图册《郑和航海图》。

具体来说，在晴朗的夜间，采用的是用牵星板测量天空北极星和其他恒星的高度来确定船队在大海中的位置，在漆黑之夜则用水浮罗盘来指明船队的航向。

很早以来，中国就可以通过观测日月星辰测定方位和船舶航行的位置，人们称之为牵星术，具体做法是：用牵星板通过测定天体的高度，来判断船舶的位置、方向，确定航线。这项技术代表了那个时代天文导航的世界先进水平。在此基础上，再结合水浮罗盘的观测结果和航海地图，就可以确保船队按照正确

方向航行了。

　　下面是一张应用牵星术观测船队位置的简图,有兴趣的小读者可以自己亲自尝试一下,体会一下古人的聪明才智。

牵星板是测量星体距水平线高度的仪器,通过牵星板测量星体高度,可以找到船舶在海上的位置。

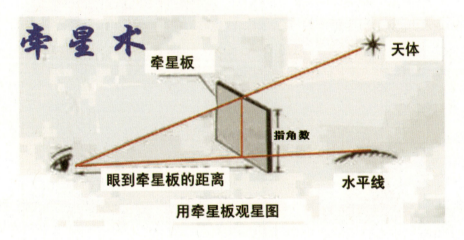

用牵星板观星图